A. GROSSE-DUPERON

# L'ÉGLISE

DE

## DE MAYENNE

TOME DEUXIÈME

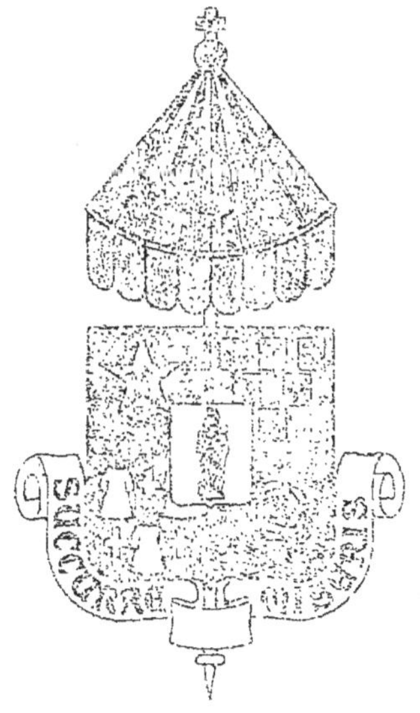

MAYENNE

M.D.CCCC.XII

# L'ÉGLISE

### DE

# NOTRE-DAME

### DE MAYENNE

L'Eglise de Notre-Dame et les Grands-Moulins
(XVIII<sup>e</sup> siècle)

A. Grosse-Duperon

# L'ÉGLISE

## DE

# NOTRE-DAME

## DE MAYENNE

## NOTES ET DOCUMENTS

### TOME DEUXIÈME

MAYENNE

IMPRIMERIE POIRIER FRÈRES

M.D.CCCC.XII

Sont encartées dans cette ouvrage :

La vue de l'Eglise de Notre-Dame et les Grands-Moulins au XVIII° siècle, au titre.

L'image de la Vierge des Miracles à Mayenne, page 174.

# L'ÉGLISE

DE

## NOTRE-DAME DE MAYENNE

## APPENDICE

A

DONATION DE L'ÉGLISE DE SAINTE-MARIE DE MAYENNE<br>PAR ROBERT LE PAON A L'ABBAYE DE MARMOUTIER [1]

(1220)

Cùm multis hujus sœculi voluptatibus diligenti studio curam impendimus et ea quœ sunt utilia corporeis usibus nobis obnoxiè suggerimus, non utilitatis animæ immemores esse debemus. Utilitas quippè animœ est, ubi potestas valet et auctoritas, justis assentire petitionibus et beneficia pro redemptione animorum religiosis locis et fratibus Deo servientibus collata concessionis et auctoramenti munire præsidiis.

Quapropter ego Hildebertus, Dei gratiâ Cenomannorum episcopus, cujus clerici nostri Roberti, scilicet cognomento Pavonis, petitionem, quia justa erat et animæ utilis, dignam impetratione decrevi.

[1] V. tome I, p. 10.

Iste quidem Robertus habebat et possidebat ecclesiam Sanctœ Mariœ parrochialem, in burgo castri Meduanæ sitam, pro quâ timens periculum animarum, tàm suæ quàm sibi succedentium, si post suum decessum ad laicalem reverteretur, undè, Deo auxiliante et justitiâ exigente, exemta fuerat : secùm igitur aliquandiù volvens, quomodo ut et periculum vitaretur et ecclesia illa religiosis locis et fratribus locaretur, tandem decrevit et vovit ut eam Majori Monasterio Beati Martini et fratibus ibidem Deo servientibus condonaretur, ut per eorum suffragia orationum mereretur suorum adipisci redemptionem peccatorum.

Recognoscens autem hujusmodi donum non debere fieri, nisi per concessionem pontificalem et auctoritatem, nostram adiit prœsentiam, humiliter comitante sibi Herveo, monachorum capellano, assistentibus etiam nobis duabus Ecclesiæ nostræ personis, domno scilicet Pagano, decano, de cujus archidiaconatu illa ecclesia erat, et domno Fulcherio, archidiacono ; petens et multum rogans ut ecclesiam illam prœdictis fratribus et loco concederem et confirmarem, simul et ea quæ habebat in ecclesiâ de Parriniaco.

Tradens igitur ipse eam per quemdam cultellum in manu meâ, et dimittens cum cæteris de Parriniaco concedentibus et auctorizantibus, ipso eodem Roberto et prædictis personis Fulcherio, archidiacono et Pagano, decano, ego quidem Hildebertus, tùm pro reverentiâ loci et dilectione fratrum, tùm pro salute et utilitate animæ ipsius clerici Roberti et meæ, dedi et concessi Beati Martini Majori Monasterio et fratribus ejusdem loci, revestiens eos per prœdictum cultellum, quem in manu domni Frotmundi, prioris, posui, — salvo quidem jure nostræ cenomanensis ecclesiæ.

Quod donum nostri sigilli munitione firmare decrevi, ut ratum in perpetuum servaretur, interdicens sub anathemate, ne alicujus præsumptione vel violentiâ solveretur.

Acta sunt hæc anno ab Incarnatione Domini MCXX, indictione XIII, epactâ XVIII, anno episcopatûs domni Hildeberti XXVIII ; testibus istis : ipso domno Hildeberto, episcopo ; Pagano, decano ; Fulcherio, archidiacono ; Herveo, capellano ; de monachis : Fromundo, priore ; Petro Laidez ; Johanne, Juvenaii priore ; Guillelmo, Arbenii priore ; Gualterio compendiensi ; Guillelmo, Meduanæ priore.

## B

Vente par Juhel de Logé a l'abbaye de Savigny de la métairie du Bas-Montaigu, paroisse de Sainte-Marie de Mayenne [1].

### (1252)

Universis Christi fidelibus presentes litteras inspecturis, Juhellus de Logeio, miles, salutem in Domino. Noveritis quòd ego, assensu et voluntate Herberti, filii mei primogeniti, et omnium filiorum meorum et Julianæ, uxoris meæ, vendidi abbati et monachis de Savigneio medietariam meam, quæ vocatur le Bas-Montaigu, sitam in parochiâ Beatæ Mariæ de Meduanâ, juxtà clausum vinearum dictorum abbatis et monachorum, ex unâ parte, et ex alterâ juxtà medietariam sacerdotum Meduanæ, et omne jus et dominium et quidquid habebam vel habere poteram, tàm ego quàm heredes mei, in predictâ medietariâ, cum omnibus pertinenciis suis, pro quadraginta libris Cenomannensium, de quibus teneo me pro pagato ; quam videlicet medietariam ego

______

(1) V. tome I, p. 11. — *Cartulaire du Maine*, fol. 139, vᵒ (arch. de la Manche).

Juhellus tenebam de dictis abbate et monachis Savigneii et Mattheus de Grazon illam tenebat de me jure hereditario, reddendo mihi indè annuatim sex libras Turonensium. Volo itaque et concedo quòd dicti abbas et monachi Savigneii dictam medietariam habeant, teneant et perpetuò possideant liberè, quietè et pacificè, absque ullâ de cetero mei vel heredum meorum reclamatione. Hanc autem venditionem ego et heredes mei prefatis abbati et monachis in perpetuum tenebimur garantizare, deliberare et defendere contrà omnes. Si autem contigerit aliquo casu quòd ego vel heredes dictam venditionem prefatis abbati et monachis non poterimus garantizare, defendere aut deliberare, tenebimur eisdem in proprio dominico nostro excambiare valore ad valorem, ubi meliùs sibi viderint expedire. Quod ut ratum et stabile futuro tempore perseveret, presenti scripto sigillum meum apposui. Insuper et vir venerabilis decanus Meduanæ, ad petitionem meam et predicti Herberti, filii mei, et aliorum filiorum meorum, presentibus sigillum suum apponi fecit in majus testimonium et munimen. Datum anno Domini M. CC. L. secundo, mense octobris.


## C


CONVENTIONS INTERVENUES ENTRE JEAN, CURÉ DE SAINTE-MARIE DE MAYENNE, ET LES MOINES DE MARMOUTIER [1]

### (1124)


Notum sit omnibus præsentibus et futuris, quòd Joannes presbyter quidam meduanensis, Dei et Sancti Martini compunctus amore, Majus Monasterium cum

[1] V. tome I, pp. 11 et 14. — *Histoire des Seigneurs de Mayenne*, par Guyard de la Fosse, p. X.

Gualtero, tunc priore Meduanæ expetiit, ibique, in præsentiâ domini Guillelmi, abbatis et totius capituli, donum ecclesiæ sanctæ Mariæ de Meduanâ, quod Robertus
Pavo, ejusdem ecclesiæ dominus, monachis Sancti Martini longè antè fecerat, sicut cartola indè facta testatur,
libentissimè concessit, promittens illud donum contrà
omnes advesarios, pro posse suo, Sancto Martino dira-
ciocinare, defendere, acquietare ; presbyteratum quoque
ejusdem ecclesiæ, quod a Roberto Pavone eatenùs ha-
buerat, a domino abbate Sancti Martini deinceps haben-
dum atque tenendum recepit, salvà omninò fidelitate
atque convenientiâ Roberti Pavonis. Quæ convenientia
talis est : Quandiu Robertus Pavo præfatus ecclesiam
in manu tenuerit propriâ, ejusdem ecclesiæ redditus
æqualiter inter se dividunt Robertus et Joannes ; cùm
verò Robertus vel monachus fuerit vel obierit, et ecclesia illa in manus monachorum devenerit, tunc Joannes
sese ad presbyterii tantum partem restringet hoc modo :
videlicet ut monachi duas decimæ ac primitiarum partes recipiant, Joannes testiam ; eodem modo in quinque
principalibus festis, duas partes oblatorum accipiant
monachi, et tertiam Joannes ; nàm reliquo omni tempore totam offerturam, sicut et cœteris presbyteris
moris est, Joannes accipiet.

Porrò dominus abbas concessit eidem Joanni quòd si
haberet filium vel nepotem clericum, qui post mortem
patris presbyteratûs fungeretur officio, ille, per conci-
lium episcopi vel pro amore Joannis, prædictam ecclesiam cum terris ac domibus, sive cœteris ædificiis ad
eam pertinentibus de monachis in vità tenebit ; si verò
ille propinquus ejus non clericus, sed laicus fuerit,
terram tantum Beronis, quæ est de jure ecclesiæ,
habebit : reliqua autem omnia, id est ecclesia cum
appenditiis suis, monachorum erunt : de his hactenùs,

Item de cimeterio capellæ Meduanensis ; indè aliqua

controversia inter monachos Sancti Martini et præfatum extitit : ad huc finem pacis et concordiæ ventum est.

Joannes enim recognoscens injustam se monachis fecisse calumniam de prædicto cimeterio, benevolè concessit ut tota familia domini Meduanensis, de pane et victu ipsius tàm milites quàm servientes, qui tamen ipsi residentes in parochiâ Sanctæ Mariæ, ità quòd habeant ibi focum et locum ; hi, inquam, omnes, absque ullâ contradictione, a capellano monachorum omnem rectitudinem suam confessionis et communionis viventes recipiant, mortui autem ad cimeterium capellæ sepeliendi deferentur ; sed et alii quicumque homines de omnibus quæ circà sunt parochiis, extrà parochiam Sanctæ Mariæ matris ecclesiæ, ad cimeterium capellæ facient se deferri et absque omni calumniâ sepeliri. Si quis verò de parochianis Sanctæ Mariæ ad eligendum prædictum cimeterium veniet, et sepeliri se ibidem rogaverit, salvâ rectitudine matris ecclesiæ, nullo contradicente, votum suum sibi ad impleri licebit.

Ego Hildebertus, Cenomanorum episcopus, concessi et signavi.


D


REDEVANCE DUE PAR LE CURÉ DE SAINTE-MARIE
DE MAYENNE AU CHAPITRE DE L'ÉGLISE DU MANS [1]

(V. 1160)

Universis Catholicæ Fidei cultoribus qui litteras presentes viderint vel audierint, Halduinus, cenomanensis ecclesiæ decanus, cum toto Beati Juliani capitulo, salutem in Domino.

Noverit caritas vestra quia nos domno Roberto de

[1] V. tome I, p. 11. — *Livre blanc*, p. 129.

Follis, presbytero Beatæ Mariæ de Meduanâ, pro amore
Dei et ejus benignitate, concessimus ut Danielem, nepotem suum, in partem suæ reciperet ecclesiæ, scilicet
Beatæ Mariæ de Meduanâ, quæ ad nostrum pertinet
dominium. Concessimus etiam ut, si idem Robertus
jàm dictam ecclesiam vivens dimitteret vel vitam fini-
ret, Daniel predictam possideret ecclesiam.

Hoc tamen in eâdem retinuimus ecclesià, ut et domnus Robertus et Daniel decem solidos cenomanensis
monetæ nobis in capitulo nostro singulis annis redde-
rent. Domnus verò Robertus, cùm ejus voluntati satis-
fecimus, decimas et alia quæ ipse emerat, post decessum suum et Danielis, nepotis sui, nostræ donavit
ecclesiæ.

Ad cujus verò rei munimentum, litteras presentes
fieri et sigillo nostro roborari precipimus.

E

Bulle du pape Alexandre III confirmant a l'abbaye
de Marmoutier la possession de l'église de Sainte-
Marie de Mayenne [1].

*(1173)*

Alexander episcopus, servus servorum Dei, dilectis
filiis Petro, abbati Majoris Monasterii, ejusque fratribus
tàm præsentibus quàm futuris, regularem vitam pro-
fessis in perpetuum.

In eo loco sumus et officio, licet immeriti, providente
Domino, constituti, ut circà universum corpus ecclesiæ aciem debeamus nostræ considerationis extendere,

[1] V. t. I. p 1l. — *Géographie ancienne du Diocèse du Mans*, par
Th. Gauvin, p. LXXXIV.

et omnium ecclesiarum quieti, pastorali sollicitudine, providere.

Ea propter, dilecti in Domino filii, vestris justis postulationibus clementer annuimus, et monasterium vestrum in quo divino estis obsequio mancipati, sub Beati Petri et nostrâ protectione suscipimus, et presentis scripti privilegio communimus.

In primis siquidem statuentes, ut ordo monasticus qui, secundum Deum et Beati Benedicti regulam, in eodem monasterio institutus esse dinoscitur, perpetuis ibidem temporibus inviolabiliter observetur. Prœtereà quascumque possessiones et quœcumque bona idem monasterium in prœsens justè et canonicè possidet, aut in futurum concessione pontificum, largitione regum vel principum, oblatione fidelium, seu aliis justis modis, prœstante Domino, poterit adipisci, firma vobis vestrisque successoribus et illibata permaneant : in quibus hœc propriis duximus exprimenda vocabulis :

Ecclesiam Sanctæ Mariæ parochialem, in castro Meduanæ sitam, de manu laicali extractam, et de assensu Roberti, clerici, qui cam tenebat a bonæ memoriæ Ildeberto, quondam cenomanensi episcopo, cum his quæ idem clericus in ecclesiâ de Parrinniaco habebat, monasterio vestro rationabiliter collatam.

Ex donatione quoque ipsius episcopi subscriptas ecclesias, sicut eas legitimè possidetis, videlic·t.... capellam castri Meduanæ ; ecclesiam Sanctæ Mariæ in eodem castro ; ecclesiam Sancti Martini in eodem castro ; ecclesiam de Comeriis ; ecclesiam sancti Albini de Meleriaco ; capellam de Laciaco, etc.

Decernimus ergò ut nulli omninò hominum liceat præfatum monasterium temerè perturbare, aut ejus possessiones auferre vel ablatas retinere, minuere, vel quibuslibet vexationibus molestare, sed omnia integra et illibata serventur ; eorum pro quorum gebernatione ac inslentatione concessa sunt usibus omnimodis profutura, salvâ sedis apostolicæ auctoritate, et cenomanensis episcopi in supradictis ecclesiis canonica justicia.

Si qua igitur in futurum ecclesiastica secularisve persona hanc nostræ constitutionis paginam, sciens contrà eam temerè venire tentaverit, secundo tertiove commonita, nisi reatum suum dignâ satisfactione correxerit, protestatis, honorisque sui dignitate careat, iramque se divino judicio existere de perpetratâ iniquitate cognoscat, et a sacratissimo corpore et sanguine Dei et Domini redemptoris nostri Jesu Christi alienâ fide, at que in extremo examine districtæ ultioni subjaceat, cunctis autem eidem loco sua jura servantibus sit pax Domini nostri Jesu Christi quatenùs et sic fructum bonæ actionis percipiant, et apud districtum judicem premia eternæ pacis inveniant. Amen, amen, amen.

Ego Alexander, catholicæ ecclesiæ episcopus, subscripsi.

† Ego Nanfredus, prænestinus episcopus, subscripsi.

† Ego Johannes, presbyter cardinalis tituli S. Anastasiæ, subscripsi.

† Ego Boso, presbyter cardinalis S. Pudentianæ tituli pastoris, subscripsi.

† Ego Cinthius, diaconus cardinalis S. Adriani, subscripsi.

† Ego Hugo, diaconus cardinalis S. Eustachii juxtà templum Agrippæ, subscripsi.

Datum Velte, per manum Gratiani Sanctæ Romanæ Ecclesiæ subdiaconi et notarii, II calendas Martii, indictione X, Incarnationis dominicæ anno MCLXXIII, pontificatûs verò Domni Alexandri papæ anno XVIII.

F

CONFIRMATION DE LA POSSESSION DE L'ÉGLISE DE SAINTE-
MARIE DE MAYENNE, ACCORDÉE PAR HILDEBERT, EVÊQUE
DU MANS, A L'ABBAYE DE MARMOUTIER [1].

(V. 1221)

Quantis quibusve studiis monasticæ religioni requiem
beatorum providerit devotio pontificum, indulta privilegiorum gratia latere non permittit. Ad ostendendum
quippè quàm sollicitus eorum affectus ergo sacra
extiterit monasteria, non solùm proprias eis conferre
possessionnes, sed etiam ab aliis collatas tueri ac defen-
sare studiosè curaverunt. Eorum itaque ego Hildebertus,
cenomannorum Dei gratià humilis episcopus, et vene-
rationem, devotionem et auctoritatem secutus, ecclesias
omnes quas in nostra diocesi Majori Monasterio collo-
catas ejusdem loci fratres vel usquè ad nostra tempora
possiderant, vel etiam sub nostris temporibus adepti
fuerant, salvo in omnibus jure cenomanensis matris
ecclesiæ, eidem monasterio et monachis Deo ibidem
famulantibus liberè concedo. Quarum etiam nomina,
ut omnis in posterum contentio includatur, ad cuncto-
rum notitiam futurorum in præsenti paginâ subnotan-
tur... capellam castri Meduanæ, ecclesiam sanctæ
Mariæ ejusdem castri, ecclesiam sancti Martini de
eodem castro, ecclesiam de Comeriis, ecclesiam sancti
Albini de Meleriaco, capellam de Laciaco, etc...

Has itaque, sicut prenominatæ sunt, ecclesias, cum
illis omnibus appendiciis suis, quæ ex fidelium bene-
ficiis Majori Monasterio accessisse noscuntur, tàm in

_________

(1) V. tome I, p. 11. — *Cartulaire du prieuré de Vivoin*, publie par l'abbé
L,-J. Denis, p. 29.

decimis quàm in oblationibus, seu etiam in primiliis et
cæteris hujusmodi, et omnia prorsùs quæ in nostrâ
videntur habere diocesi monachi ejusdem loci, nos
eidem monasterio et fratribus ipsis, Deo auctore, in
perpetuum quietè possidcre concedimus et auctoritalis
nostræ robore confirmamus, ne quis ommino vel auferre
prefato loco vel imminuere aut etiam fratres ipsos indè
vexare presumat diligentiùs inhibenles.

Ut autem hæc nostra concessio illibata et inconvulsa
permaneat, sigilli nostri munimine, eam, salvo sicut
preditum est jure cenomanensis matris ecclesiæ,
duximus roborandam.

Benedictio igitur et gratia Dei hujus concessionis
nostræ observatores ab omni malo defendat et conser-
vet ; eorum autem conatus in vacuum cedal, nec ullum
suæ temeritatis consequatur effectum, qui indulti teno-
rem privilegii exinanire presumpserint.


G


TRANSACTION CONCERNANT CERTAINES DIMES DE LA
PAROISSE DE SAINTE-MARIE DE MAYENNE [1]

Reverendissimis in Christo abbali et capitulo Savigneii, N... decanus totumque capitulum cenomannen-
sis ecclesiæ Beatæ Mariæ de Meduanà presbiteri, a nobis
significaverunt quòd super contentione quæ super decimis terrarum quas in suâ parrochiâ propriis sumptibus excolitis, inter vos, ex unâ parte, et eosdem, ex
alterâ, vertebatur, concordalum est in hunc modum,
scilicet quòd in predictis terris vicesimam garbam dicti
presbiteri de cetero perciperent pacificè et quietè, sed

_______________

(1) V. tome I, p. 16. — *Cartulaire manuscrit du Maine*, fol. 128, vᵉ (archives de la Manche).

si verò contingeret quod sepedictæ terræ ad manum
redirent laicam non vestris sumptibus excolende, sepedicti presbiteri decimam indè perciperent ut in aliâ
terrâ suam parrochiam percipere consueverunt et super
decimâ vini cum eisdem presbiteris ità componatis
quòd non indè vobis obnoxiis teneamini. Nos autem, ad
ipsorum presbiterorum instantiam, hoc annotari fecimus sigilli nostri munimine, confirmantes quidquid ab
eisdem presbiteris super dicto negotio factum fuerit.


# H

### Droit de vinage du clergé de Sainte-Marie de Mayenne [1]

### *(1222)*

Omnibus ad quos presens scriptum pervenerit,
magistri Guillelmus Redonensis, archipresbiter de
Passeis, et Dionisius, persona de Ebriaco, salutem in
salutis Auctore.

Cùm inter abbatem et conventum Savigneii, ex unâ
parte, et presbiteros Beatæ Mariæ deMeduanâ, ex alterâ,
super decimâ vinearum quas idem monachi habent in
parrochiâ suâ de Meduanâ, contentio verteretur, tandem predicti monachi et presbiteri in arbitros compro-
miserunt, videlicet in nos, statuentes ut, quidquid pace
mediante vel judicio nostro terminaretur arbitrio, obser-
varent, et si pars utralibet a predicto resiliret arbitrio,
decem libras Cenomannensium alteri solvere teneretur.

Posteà verò predictis presbiteris et fratre Hugone de
Ambliâ, jàm dicti abbatis et conventùs procuratore,
comparentibus coràm nobis, post multas altercationes

(1) V. tome I, p. 16. — *Cartulaire manuscrit du Maine*, fol. 132, vᵉ (Arch.
de la Manche).

et litis contestationem, in hanc pacis formulam deve-
nimus, videlicet quòd idem monachi singulis annis in
·perpetuum tricesimam quintam partem vini vinearum
istarum, quas in parrochia dictorum presbiterorum
habent, eisdem fideliter et sine aliquâ contradictione
pro decimâ solvere tenebuntur, et hâc etiam portione
presbiteri contenti nichil ampliùs super hoc poterint
reclamare.

Predictus autem Hugo, procurator ipsius abbatis et
conventûs, bonà fide promisit quòd abbatem et conventum, pro posse suo, induceret ad hanc compositionem
concedendam et sigilli sui munimine roborandam. Et
presbiteri similiter promiserunt quod litteras a capitulo
Cenomannensi, ad cujus patronatum spectat jàm dicta
ecclesia, super predictæ compositionis ratihabitione
impetrarentur eisdem monachis in confirmatione predictæ compositionis assignandas. Quod nisi forte vel-
let concedere, die sabati post festum sancti Dionisii,
sepedicti monachi coràm nobis comparerent ad secun-
dam productionem testium suorum habendam, dictis
presbiteris, prout actum est..., juri parituri.

Ut autem hoc inconcussum et immobile permaneat,
ad petitionem utriusque partis, presentem cartulam
fecimus sigillorum nostrorum munimine roborari.
Actum anno Domini Mº CCº vicesimo secundo, die sab-
bati post festum sancti Mauricii.

I

Extrait du cahier des charges du bail a ferme de la sonnerie des cloches de Notre-Dame de Mayenne, en 1737 [1].

Droits et salaires des sonneurs des cloches de l'église de Notre-Dame de Mayenne ; charges et devoirs dont ils étaient tenus.

*Droits de sépultures :*

Les sonneurs étant avertis de la mort des personnes, seront tenus, avant toute chose, d'en aller informer le sieur curé ou, en son absence, son vicaire en semaine et le procureur-receveur des prêtres, de lui dire l'heure de la mort du défunt, s'il en est chargé, de demander de quelle classe on souhaite la sépulture, d'aller ensuite avertir, s'ils en sont requis, les personnes du convoi de l'heure à laquelle il sera fixé.

Première classe :

Il sera payé aux sonneurs, pour les sépultures de première classe $3^{tt} 12^s$.

Le trépassement sera sonné avec la grosse cloche, pendant une heure, si c'est un homme, et avec la seconde si c'est une femme ; et cette distinction, qui sert à annoncer de quel sexe est la personne morte, n'aura lieu qu'au son du trépas.

On commencera à sonner sitôt qu'on en aura la nouvelle, à moins qu'on n'en soit empêché par quelqu'office divin ou public.

---

[1] V. tome I, page 56  La ferme de la sonnerie fut adjugée à René Lorent, le 17 juin 1737, pour neuf ans, moyennant un prix annuel de $461^{tt}$.
A quoi sert la cloche ? Ecoutons son langage :

>  Laudo Deum verum, plebem voco, congrego clerum,
>  Defunctos plero, pestem fugo, festa decoro.

Après l' « Angelus » du soir, on sonnera pendant une heure, — ce qu'on ne pourra faire passé huit heures du soir en hiver et neuf en été.

Le lendemain matin, aussi après l'« Angelus », savoir, à six heures du matin en été et à sept en hiver, on sonnera alternativement toutes les cloches et puis, en finissant, toutes ensemble, suivant l'usage du lieu.

Le convoi pour la levée du corps sera sonné auparavant pendant une heure ; à l'arrivée du clergé et du corps à l'église, toutes les cloches doivent sonner jusqu'à ce qu'on commence la messe, de même durant la prose « Dies iræ », au « Sanctus » jusqu'après la consécration.

A l'issue de la messe, lorsqu'on enlève le corps on sonnera toutes les cloches, pendant l'inhumation si c'est dans l'église, et, si c'est dans le cimetière, jusqu'à ce que le clergé et le convoi soient sortis et avancés jusqu'à l'entrée de la place du Palais (place Louis de Hercé).

Seconde classe :

Pour les sépultures de seconde classe sera payé aux sonneurs 40 sous.

On sonnera le trépassement pendant une demi-heure, avec la grosse cloche si c'est un homme, et avec la seconde si c'est une femme.

Pour faire une différence de cette seconde classe avec la première, on ne sonnera point après l' « Angelus » du soir et du matin.

Le convoi sera sonné, pendant une demi-heure en outre quand on apportera le corps à l'église, pendant la prose, au « Sanctus » et après la messe, comme aux services de première classe.

Troisième classe :

Pour les sépultures de troisième classe sera payé aux sonneurs 30 sous.

On sonnera le trépassement et le convoi pendant un bon quart d'heure ; on ne sonnera pendant la messe ni après.

On ne sonnera, pour cette classe, que trois cloches dont la première sera exceptée.

Quatrième classe :

Pour les sépultures de quatrième classe sera payé aux sonneurs 15 sous.

On sonnera le trépassement et le convoi pendant un fort demi-quart d'heure chacun au moins ; rien au-delà.

On ne sonnera, pour cette classe, que les deux dernières cloches pour le convoi.

Afin de faire apercevoir au clergé et au peuple si c'est une mort qu'on sonne ou si ce n'est point quelque service divin, avant que de sonner le trépas, on donnera vingt-quatre coups un peu séparés sur la cloche qui l'annoncera.

Chaque fois que le bâton de la confrérie sera porté, et ce pour les confrères seulement, sera payé aux sonneurs : 10 sous pour les services de première classe, pour ceux de seconde classe 8 sous, et pour ceux de troisième et quatrième classe 5 sous. Ils répondront de la fracture qui lui arriverait, soit en le portant, soit en le rapportant, à quelque cérémonie que ce soit.

Lorsqu'on demandera les clochettes, il sera payé aux sonneurs 2 sous 6 deniers pour chacune.

Il sera aussi payé aux sonneurs 3 sous par chaque aune de drap de tenture, pour ceux qui voudront faire tendre dans l'église et à la porte d'icelle. Défense à eux de faire payer aux particuliers ce droit pour l'étoffe qui sera redoublée ou cachée derrière les piliers ou d'en employer plus qu'on ne leur en aura demandé, à peine de 3# d'amende dès à présent jugée, en cas de contravention.

Les sonneurs seront tenus d'enterrer gratis les pauvres, y compris ceux de l'Hôpital, et de sonner leur sépulture pendant huit minutes à peu près.

Classe des enfants :

Il sera libre d'exiger du son pour la mort et sépulture des enfants. Quand on en demandera, il sera payé aux sonneurs, à raison de chaque quart d'heure : 10 sous pour la grosse cloche, 6 sous pour la seconde, 4 sous pour la troisième, et 3 sous pour la quatrième. Le son ne pourra être prolongé au-delà.

Droits pour les fosses :

Les fosses, qui se feront dans l'église, seront de cinq pieds de profondeur, et celles qui se feront dans le cimetière, de quatre pieds, à peine de 3 livres d'amende contre les sonneurs.

Pour la façon des fosses dans l'église, il leur sera payé 20 sous pour les grandes personnes, et pour les petites 15 sous, non compris les 30 livres réservées à la Fabrique, et à condition de bien battre la terre et de replacer le banc.

Pour la façon de chaque fosse des grandes personnes dans le cimetière, avec une caisse, 15 sous ; sans caisse, 5 sous. Pour celles des enfants, avec caisse, 5 sous ; sans caisse, 3 sous.

Lorsque les enterrements se feront dans la chapelle Saint-Antoine, il sera payé aux sonneurs 3 livres, non compris la façon de la fosse qui sera sur le même pied que dans l'église-mère, à condition toutefois de réparer le pavé.

Les sonneurs ne pourront faire de fosses, soit dans l'église paroissiale, soit dans la chapelle Saint-Antoine, sans permission par écrit des sieurs curé et marguillier ou de l'un d'eux dans l'absence de l'autre.

Ils auront soin de tenir le cimetière ouvert, quelque temps avant que le corps n'y arrive, pour ne pas faire attendre le convoi; ils feront de même aux processions ; et puis, après, ils le fermeront exactement.

Ils n'emploieront point de femmes ou filles à combler les fosses, non plus qu'à sonner les cloches au chœur.

Ils se trouveront au moment juste de la sépulture.

Le tout sous la même peine de 3 livres d'amende.

Droits pour les baptêmes :

Sera libre aux particuliers de demander une sonnerie avec carillon ou avec le plein son de toutes les cloches, ou simplement avec les deux dernières, sans que les sonneurs puissent les forcer, ni par raillerie, ni par aucune autre voie de fait et de droit, à payer plus qu'ils ne demanderont, à peine de 3 livres d'amende, dès à présent jugée en cas de contravention.

Pour les baptêmes avec carillon, sera payé aux sonneurs 20 sous, c'est-à-dire 10 sous par le parrain et 10 sous par la marraine, et si c'est avec plein son de toutes ces cloches, 12 sous par chacun parrain et marraine, sans qu'ils puissent en exiger davantage.

Pour les baptêmes avec simple son de deux cloches, 10 sous, c'est-à-dire 5 sous par le parrain et 5 par la marraine.

Le grand son avec carillon ou avec toutes les cloches en plein son ne pourra durer plus d'un quart d'heure, et le simple plus d'un demi-quart d'heure, sous quelque prétexte que ce soit. Il leur est fait défense de sonner avant que l'enfant ne soit baptisé.

Lesdits sonneurs seront tenus de sonner gratis les deux dernières cloches pour les baptêmes des pauvres, pendant sept à huit minutes, en carillon.

Lorsqu'il sera nuit et qu'il y aura lieu au tumulte à d'autres heures que du jour et à d'autres cérémonies (sic), ils seront tenus de tenir les portes fermées sous les mêmes peines que ci-dessus.

Ils ne pourront sonner après huit heures du soir en hiver, ni après neuf heures en été.

Droits pour les fondations et autres services :

Les sonneurs observeront qu'aux fêtes des Arts et Métiers, ils ne pourront continuer plus d'un quart d'heure le son des cloches, soit avec carillon, soit en plein son, aux « Angelus » de midi, du soir et du matin, et aux premières et secondes vêpres, et, pour la grand'messe, pendant une demi-heure, et ce sous peine de 3 livres d'amende.

Sera payé aux sonneurs, pour le service des Arts et Métiers, à premières et secondes vêpres et d'une grand'-messe et pour les trois « Angelus », 40 sous ; si on ne demande point d'Angelus, 25 sous. S'il y a une grande oraison, en outre, il y aura 10 sous d'augmentation. Elle sera sonnée pendant plus d'un quart d'heure, s'il y a, de plus, une grand'messe des morts, qui sera sonnée pendant une demi-heure ; si on exige qu'on sonne dès la veille, 10 sous en sus.

S'il n'y a qu'une grand'messe sans « Angelus », étant sonnée pendant une demi-heure avec toutes les cloches, en carillon, 20 sous ; en plein son, 24 sous [1].

Les sonneurs percevront le droit qui appartient à la Fabrique pour l'usage des ornements et du luminaire, lesquels ne seront point moins, avec la chasuble, de deux tuniques et de trois chapes et de quatre cierges sur l'autel et deux pour les chandeliers des acolytes ; et pour ce 40 sous, lorsque l'office sera entier, et, lorsqu'il n'y aura qu'une messe haute, 20 sous.

(1) Les droits de la fabrique sur la sonnerie des offices des Corps d'état et l'usage des ornements du clergé comprenaient les sommes suivantes :
« 2 livres pour le carillon des premières et secondes vêpres, de la grand'
« messe et des trois angelus ; 10 sous pour la grande oraison ; 1 livre pour
« la messe solennelle des morts, pendant une demi-heure ; 10 sous pour le
« son de l'annonce du soir de la veille ; 2 livres pour l'usage des ornements,
« le luminaire et l'encens ».

Pour les services de fondation, soit vêpres, messe et grande oraison, il leur sera payé, pour tout, la rétribution de deux prêtres non officiers, et, quoiqu'elle soit moins forte à quelques offices qu'aux autres, ils y sonneront également, c'est-à-dire une demi-heure les grand'messes et un quart d'heure les autres services. Il en sera de même pour les services de confréries, et, faute de sonner ce qui est prescrit, on pourra les pointer et diminuer sur leur portion. Les services de fondation et de confréries seront sonnés suivant l'ordre du clergé, c'est-à-dire à sept heures en été et à huit en hiver, sans qu'il soit besoin de les appeler, et, en cas d'empêchement à ces heures, à une autre qui leur sera marquée par le sieur curé.

Charges des sonneurs :

Les sonneurs se fourniront d'huile et de graisse pour graisser les tourillons des cloches.

Ils se fourniront, aussi à leurs frais, de boucles et de courroies pour pendre les battants des cloches.

Ils se fourniront, également à leurs frais, de cordes pour sonner les cloches, lesquelles aussi bien que les courroies leur seront mises en état par les précédents adjudicataires.

Devoirs des sonneurs :

Les sonneurs porteront honneur et respect à messieurs les curés, prêtres et ecclésiastiques, magistrats et marguilliers, lorsqu'ils leur ordonneront quelque chose sur le fait de leurs fonctions.

Ils seront tenus de se trouver à l'église et au clocher aux heures réglées ou à l'appel qui leur sera donné avec le son de la troisième cloche.

Ils sonneront les premières et secondes vêpres des fêtes et dimanches, suivant la solennité qu'ils apprendront du sieur curé, la première et grand'messe, savoir : toutes les secondes vêpres et la grand'messe pendant une demi-heure, et la première messe pendant un bon quart d'heure ; aux premières messes des fêtes et dimanches communs, deux cloches suffiront, et, aux grandes solennités, ils en sonneront trois.

Ils sonneront cette première messe plus matin, à mesure que les jours augmenteront, comme il leur sera prescrit par le sieur curé. Il sera libre d'exiger d'eux le carillon ou le plein son.

Ils sonneront, pendant les grand'messes des fêtes et dimanches, depuis le « Sanctus » jusqu'au « Pater ».

Ils ne sonneront les cloches que de suite, toutes les fêtes et dimanches les plus solennels, et ce en plein son, excepté aux processions et oraisons du Saint-Sacrement, et aux trois offices communs.

Ils sonneront les services de fondation sans en percevoir aucun émolument que la double rétribution, et, pour ceux dont la Fabrique est chargée, ils n'en pourront prendre qu'un quart.

Ils sonneront pendant un quart d'heure au moins le sermon, savoir : les dimanches et fêtes avec la grosse cloche, et les jours ouvriers avec la troisième, et ils le tinteront pendant un demi-quart d'heure.

Ils sonneront la partie et le retour des processions, pendant un demi-quart d'heure.

Ils sonneront, tous les jours, avec la grosse cloche, par neuf coups, l' « Angelus » du matin, du midi et du soir, savoir : celui du matin, en été, à cinq heures, en printemps et automne à six, et en hiver à sept heures.

Celui du midi, à midi précisément ; celui du soir, en été, à sept heures ; dans le printemps et l'automne, à six heures, et en hiver à cinq.

Les jours des grandes fêtes les « Angelus » seront suivis du son de toutes les cloches pendant un quart d'heure.

Ils sonneront toutes les cloches, en plein son, quand

l'orage et le tonnerre se formera et pendant qu'il ton-
nera.

S'il arrivait quelque cérémonie extraordinaire, comme
de visite d'église, ils seront tenus de la sonner.

Seront, lesdits sonneurs, tenus de sonner les cloches
du fond du plafond du clocher, sans qu'ils puissent y
faire monter ni femmes, ni filles, ni enfants, ni autres
personnes inutiles ; à quelle fin, ils tiendront la porte
fermée de clef et laisseront seulement deux cordes
volantes dans le chœur pour sonner les messes basses,
petits offices, et faire les appels.

Ils répondront des malversations et dégradations qui
arriveront par leur faute au clocher, tant en dehors
qu'en dedans, à la plomberie et à la couverture, et
autres qu'ils causeront à l'église.

Ils tiendront les portes du chœur fermées après qu'ils
auront sonné ; ils fermeront l'église après l' « Angelus »
du midi, les jours qu'il n'y aura point d'office, lequel
fini, ils la refermeront comme aussi incontinent après
l' « Angelus » du soir, lorsque les fidèles en seront
sortis.

Quand ils viendront, le matin et le soir, sonner
l' « Angelus » et ouvrir l'église, ils visiteront la lampe
pour hausser la mèche et l'allumer si elle était éteinte.

Les sonneurs seront tenus de balayer tout le pavé de
l'église et dans le fond des stalles du chœur, la veille et
le lendemain des dimanches, et l'arroser un quart
d'heure auparavant, de ratisser le pavé, et d'ôter la
boue, et, tous les quinze jours, la poussière qui se
forme aux fonds baptimaux, dedans et dessus, aux bas
des vitres, au-dessus des portes et aux confessionnaux,
et ne jetteront point, sous les bancs ou ailleurs dans
l'église, la poussière et ordures.

Ils ôteront les araignées et la poussière qui s'attachent

aux voûtes ou murailles, six fois l'an, et ce, deux ou trois jours auparavant les fêtes les plus solennelles.

Ils ôteront les samedis les ordures qui se trouveront sur le parvis, et les jetteront dans un lieu où les boueurs de la ville puissent les enlever.

Ils porteront le bâton de la Confrérie aux processions où il convient de le porter.

Ils auront soin de porter ou faire porter les deux bannières aux processions; lesquels, bâton et bannières, ils ménageront, de façon qu'il ne leur arrive aucun tort, sous peine d'en répondre.

Ils seront tenus de porter, tendre et détendre, sous les ordres du sieur curé et des sacristes, les tapisseries, tableaux, et tous ornements qu'on prête, pour la décoration de l'église, aux Quarante-Heures, au Jeudi-Saint, aux fêtes solennelles ordinaires et extraordinaires ; aux veilles desquelles ou surveilles, ils les tendront et placeront ; et, le lendemain, détendront, s'ils en sont requis, aussitôt.

Ils ne pourront faucher, ni disposer de l'herbe du cimetière.

Quand ils feront leurs devoirs à l'église, ils s'y comporteront sans bruit, ni tumulte, d'un air sage, modeste et décent.

Et, généralement, ils y rendront, sans exception, tous les services suivant l'ordre et la règle accoutumés, quoique non exprimés ; ils feront tous les devoirs ci-dessus spécifiés sans pouvoir prétendre aucuns gages, ni paiements, que ceux qui sont marqués dans le tarif ci-dessus.

Et, en cas qu'ils exigent des droits plus forts que ceux qui y sont exprimés, ou qu'il n'exécutent pas chacun des articles ci-dessus, ils encourreront une amende de 3 livres, dès à présent jugée, toutes les fois qu'ils tomberont en contravention,

Et afin de prévenir tout abus de leur part, le procureur marguillier en charge aura soin de faire publier de temps en temps, au prône de la messe paroissiale des dimanches, en cette église, le tarif des droits ci-dessus pour en informer le public, et il fera mettre et afficher dans les fonds baptismaux un tableau des articles qui concernent les baptêmes, et à la sacristie un tableau de tous les articles du présent formulaire.

J

### Testament de Jean Legras [1]

L'an mil six cent cinquante, le vingt et unième jour du mois d'octobre, après midi.

Par devant nous, Julien Frandebœuf, notaire royal, demeurant en la ville de Mayenne, fut présent, en sa personne et dûment soumis, discret Mᵉ Jean Legras, prêtre, vicaire en l'église de cette ville, y demeurant.

Lequel, gisant au lit malade, sain d'esprit et d'entendement, ainsi qu'il nous est oculairement apparu et aux témoins ci-après, et ne désirant mourir intestat, ains, pendant que ruse [2] et raison gouvernent encore son esprit, disposer des biens qu'il a plu à Dieu lui départir en ce monde, il nous a dicté, nommé et fait entendre son testament et ordonnance de dernière volonté en la manière qui en suit :

Premièrement : Comme catholique, apostolique et romain, il a recommandé et recommande son âme à Notre-Seigneur Jésus-Christ, le suppliant, par le mérite de sa passion et intercession de la glorieuse Vierge Marie, de toute la Cour céleste et particulièrement du

(1) V. tome I, pages 60 et 284.
(2) Ruse c'est-à-dire intelligence.

glorieux saint Jean-Baptiste son patron, colloquer son
âme au royaume céleste après qu'elle sera séparée de
son corps.

Il veut son dit corps mort être inhumé dans l'église
de Notre-Dame de Mayenne, dans le lieu ou proche celuy
où fut inhumé défunt Monsieur le curé Tribondeau.

Et, en l'égard de ses obsèques, luminaires et autres
solennités requises, même pour la donnée qu'il entend
être faite le jour de son enterrement et sème, il s'en
rapporte à ses exécuteurs testamentaires ci-après
nommés, même pour ce qui sera donné à chaque prêtre,
fors pour le curé de Mayenne et celui de Saint-Martin
auxquels sera donné à chacun vingt sols et aux officiers
à proportion; et pour fournir à partie desquels frais, il
entend que son calice, croix, chandeliers et burettes
d'argent blanc seront vendus par ses exécuteurs testamentaires et le prix employé à satisfaire à tout ce que
dessus, si tant se monte, ou sinon il entend le surplus
être pris des meubles ou autres dettes, fors ceux dont il
dispose ci-après.

Il donne, à perpétuité et en propre, à l'Hôtel-Dieu du
Saint-Esprit de cette ville de Mayenne le lieu de Chapin,
situé en la paroisse de Saint-Baudelle, ainsi qu'il l'a
acquis et qu'il est de présent exploité par le métayer
d'icelui, sans aucune réservation, pour et au profit des
pauvres dudit hôpital, à la charge de faire dire et célébrer par l'administrateur et procureur dudit hôpital
deux messes basses par chaque semaine dans l'église
dudit Hôtel-Dieu, à perpétuité, et à la charge aussi par
ledit administrateur de payer le droit d'indemnité au
seigneur du fief dont il relève et en payer à l'avenir les
charges, rentes et devoirs féodaux.

Il donne audit Hôtel-Dieu un de ses lits complets pour
servir auxdits pauvres et donne son tableau de l'Annonciation pour décorer ladite église du Saint-Esprit.

*Item*. — Ledit testateur donne et fonde une prestimonie à perpétuité, afin que le titulaire d'icelle prestimonie fasse dire et célébrer trois messes basses, par chaque semaine, à son intention en l'église de Notre-Dame de Mayenne à perpétuité, auquel titulaire il donne aussi en propre et à perpétuité le lieu du Feil (Fay), situé en la paroisse de Saint-Baudelle, par lui acquis et comme il se poursuit et comporte tant en sa première composition que les autres héritages qu'il a depuis acquis audit lieu et environs, laquelle prestimonie il présente et confère à Augustin Rivière, aux charges ci-dessus et encore d'en payer le droit d'indemnité. Et après le décès dudit Augustin Rivière, il veut et entend que M. René Rivière, sieur de la Ménardière, et après lui son fils, Jacques Rivière, en aient la présentation pour la donner à qui bon leur semblera. Et après leur mort, il en donne la présentation au procureur de la Fabrique de cette église de Mayenne [1].

*Item.* — Donne, ledit testateur, au grand Collège de cette ville, à perpétuité, le jardin par lui acquis de M⁰ Louis Gobbé, prêtre, situé au haut de cette ville. Outre ce, donne la rente de soixante-sept livres dix sols constituée à son profit par le nommé Lefaucheux, de Saint-Denis, et la rente de vingt livres cinq sols due audit testateur par Renée de Lalande, dame de la Roussardière, à la charge de faire dire et célébrer par le principal ou procureur dudit Collège à l'absence du principal, une messe basse par chaque semaine, à perpétuité. Avec ce, donne audit Collège l'autre de ses lits ainsi qu'il est complet et à charge de payer aussi, par le principal ou procureur, le droit d'indemnité comme dessus. Entreront les donataires desdites rentes en la jouissance et perception d'icelles du jour de son décès, et les donataires des héri-

---

(1) V. *Les Chapellenies de Mayenne avant la Révolution*, pages 115 et s.

tages ci-dessus nommés, aussi du même jour de son décès et entretiendront les baux des immeubles faits par le dit testateur et en paieront les ventes, charges et devoirs féodaux.

*Item*. — Déclare ledit testateur avoir rendu compte de ce qu'il a mis et reçu pour la Confrérie du Très Saint-Sacrement de l'autel desservie en l'église de Mayenne et autres desservies en ladite église, au mois de novembre ou de décembre dernier; et parcequ'il faut rendre compte de ce qu'il a reçu et mis depuis ledit temps, il entend que s'il lui est dû quelque chose de reliquat, il demeure à chacune des Confréries auxquelles il le donne.

*Item*. — Dit qu'ayant pris le temporel de la cure de cette ville et paroisse à ferme du sieur de la Maure, curé moderne, qui n'était fondé à prendre les fruits de son bénéfice que du jour du décès du précédent curé, il aurait aussi pris les droits desdits héritiers du précédent curé à ferme, quelle ferme il leur a payée, tant en argent comptant que par compensation. Il entend que les fruits, fermes et revenus de la présente année, en ce qui reste à recueillir, soient pris et reçus par ses exécuteurs testamentaires de ceux qui doivent, pour payer ce qui est dû de reste audit sieur La Maure et ce qu'il doit de reste pour l'acquêt dudit lieu de Chapin et pour ledit jardin acquis dudit sieur Gobbé, prêtre.

*Item*. — Parce qu'il a donné trente livres de rente viagère à M⁰ Mathieu Nivert, prêtre, suivant l'acte de donation qu'il lui en a fait attesté par nous, notaire, il laisse en l'option du dit sieur Nivert de prendre la jouissance et revenu du logis et jardin au derrière d'icelui où ledit testateur demeure à présent, pour lesdites trente livres, à la charge néanmoins de laisser et souffrir jouir Joseph Ménard de ce qu'il exploite à présent, dans le bas du dit logis et jardin, quatre années seulement, ou bien de se contenter de ladite rente de trente livres pendant la vie dudit sieur Nivert seulement ; et après la mort dudit sieur Nivert, ledit sieur testateur donne et laisse ladite maison et jardin pour loger l'organiste de l'église, à la charge d'en payer les droits féodaux, même les droits d'indemnité si aucun se trouve dû.

*Item.* — Donne ledit testateur la somme de 400 livres tournois à Gilles Hamon, ainsi que ladite somme de 400 livres est due, à lui testateur, par les enfants et héritiers de Michel Mimbré.

*Item.* — Ledit testateur s'étant fait représenter par nous, notaire, en présence des témoins soussignés, le traité fait entre Messieurs le Curé et prêtres de l'église de cette ville de Mayenne, Messieurs les officiers et habitants d'icelle et lui, arrêté par René Plagué et nous notaire le jeudi sixième jour de Juin mil six cent quarante et sept, dans lequel est inserré copie de la donation faite par ledit testateur sous seing privé, il veut et entend que ledit traité sorte son plein et entier effet aux clauses et conditions y référées, et en tant que besoin serait, il donne par ces présentes toutes les choses référées et énoncées en ladite donation sous seing privé et dans le dit traité attesté par ledit Plagué et nous, notaires, à la Fabrique; à laquelle ajoutant il donne encore à la Fabrique de Notre-Dame de Mayenne au profit de l'organiste, aux mêmes charges portées par les traité et donation :

La somme de 6 livres tournois qui lui sont dus par Mathurin Hercend et sa femme.

Quatre livres qu'il est fondé de prendre sur le jardin à présent exploité par la veuve Jean Romagné, vivant sieur de la Fontainerie.

Sept livres dix sols dus par François Masserot pour son jardin.

Six livres par Denis Gautier pour son jardin.

Cent sept sols par noble Mᵉ René Trihan, avocat fiscal, pour une maison et un jardin.

Pareille somme de cent sept sols par Julien Bodin pour son jardin.

Dix livres quatre sols par la veuve Frangeul.

Six livres à prendre sur le logis feu René Baugars.

Et sept livres dix sols dus par Michel Dubreil pour sa maison et jardin.

Toutes les sommes ci-devant énoncées de rentes annuelles et perpétuelles et les immeubles baillés à icelle situés au Champ Moreau et Pavé-Morin de cette ville.

Et ajoutant encore au traité et donation susdite, il donne à ladite Fabrique sa chasuble blanche avec les corporaliers de drap d'or et un de ses corporaux de point coupé.

*Item*. — Donne sa chasuble rouge à l'église du Saint-Esprit de l'Hôtel-Dieu de cette ville, et pour ses autres corporaliers, il les donne à un de ses parents, qui est prêtre, nommé Morin.

*Item*. — Donne tous ses tableaux à ladite église de Notre-Dame, hors celui de l'Annonciation duquel il a ci-devant disposé.

*Item*. — Donne tous ses livres aux révérends Pères Capucins du Couvent de cette ville.

Veut ledit testateur que les titres et papiers concernant toutes les choses ci-dessus données et léguées soient mis et délivrés aux titulaires et donataires des icelles choses.

A déclaré, ledit testateur, que la veuve Charles Lemoine lui doit la somme de dix livres à une fois payer.

*Item*. - A, ledit sieur testateur, donné et légué aux révérends Pères Capucins de cette ville la somme de 60 livres à une fois payer, pour leur nourriture ; le paiement de laquelle somme ils ne pourront néanmoins prétendre qu'après la fête de Pâques.

*Item*. — Déclare, ledit sieur testateur, que M° Jean Perronnet, ci-devant procureur et administrateur de

l'Hôtel-Dieu de cette ville, lui a payé ses gages d'aumônier titulaire de l'hôpital pendant qu'il a été procureur.

*Item.* — Avoir connaissance qu'après le décès de
M. de Torbéchet, la demoiselle, sa veuve, fît dire un
an durant une messe basse par chaque jour, pour le
repos de l'âme dudit feu sieur Torbéchet, et que la
dite demoiselle, sa veuve, a payé l'honoraire des prêtres
qui ont célébré ledit service anniversaire.

*Item.* — Déclare ledit sieur testateur que défunt
Robert Marcillé, auquel il a baillé son lieu de la Bode-
rie à rente annuelle et perpétuelle, lui a payé ou sa
veuve tous les arrérages de ladite rente des termes
échus, même que l'obligation sur eux est quitte hors
17 ou 18 livres.

Et pour exécuter le présent testament et y augmenter
plutôt qu'y diminuer, le sieur testateur a nommé et
choisi les personnes de Mᵉ René Rivière, sieur de la
Menardière, et de Julien Chabrun, demeurant en cette
ville, lesquels il a prié et requis en vouloir prendre la
peine, voulant, entendant et consentant qu'après son
décès ils soient saisis de tous et chacun ses biens, meubles et immeubles, présents et à venir, lesquels il a
affecté et hypothéqué à cette fin, quoique ce soit, jusqu'à concurrence de l'exécution du présent, son testament et ordonnance de dernière volonté, auquel seul il
s'arrête, révoquant par lui tous autres testaments et
codiciles qu'il pourrait avoir ci-devant faits, voulant
que le présent ait seulement lieu ; duquel ayant donné
lecture audit testateur et lui ayant icelui lu et relu, il a
dit bien entendre, vouloir et consentir qu'il sorte son
plein et entier effet, — dont l'avons jugé de son consentement, après qu'il a renoncé à toutes choses à ce contraire.

Ce fut fait, passé et dicté par ledit sieur testateur à

nous notaire, en la chambre haute de la maison ayant vue sur la rue. Présents : Mᵉ Julien Perronnet, sieur de la Bénardière, prêtre, et Jean Lefebvre, sieur de Cheverus, licencié ès droits, bailli de Savigny, et André Rousseau, sieur de la Touche, demeurant en celle ville de Mayenne, témoins requis et appelés.

Et lecture à lui faite des présents articles, il a dit bien les entendre, vouloir qu'ils soient exécutés sous le mêmes hypothèques ci-devant énoncées et employées, dont l'avons jugé de son consentement.

Fait le jour et an que dessus, en présence des dits témoins ci-dessus nommés, et sont signés J. Le Gras, Perronnet, Lefebvre, Rousseau et Frandebœuf en la minute des présentes.

Les copies ci-dessus ont été collationnées sur leurs originaux représentés par Marie Guiaulx, fille, demeurant à l'Hôtel-Dieu de cette ville, gardiataire du protocole de feu Mᵉ Julien Frandebœuf, vivant notaire passeur, et rendus à la dite Guiaulx.

Les présentes délivrées à François Esnault, maître apothicaire, demeurant audit Mayenne, en vertu de la permission de compulser par lui obtenue de M. le Juge général civil et ordinaire au duché-pairie de Mayenne, conseiller du roi, maire perpétuel de ladite ville, du 28 novembre dernier, restée audit Esnault, et dont il a laissé copie signée de lui à ladite Guiaulx, ce jourd'hui septième de décembre mil sept cent deux ; ladite collation faite par nous, Urbain Le Meignen, notaire au duché-pairie de Mayenne, y reçu, en présence de Mathieu Sénéchal, maître chirurgien, et Julien Cochon, hôte, demeurant audit Mayenne, témoins requis et appelés. Et sont signés Marie Guiaulx, F. Esnault, Sénéchal, Cochon et Le Meignen, notaire, en la copie collationnée.

# K

### LISTE DES PERSONNES OCCUPANT DES PLACES DANS L'ÉGLISE DE NOTRE-DAME, EN 1787 [1].

Le duc de Valentinois et de Mayenne (Honoré-Anne-Charles-Maurice de Grimaldi), deux places dans le jubé (la tribune), représenté par M. Maupetit [2].

La veuve Vital, un banc, 3 livres.

Tripier de Lozé (Gabriel-Pierre-Armand), un banc et une place, 5 livres.

Auray (Louis-Augustin), un banc et une place, 8 livres.

La veuve Pierre-Paul Boullevraye, un banc, 3 livres.

La veuve François Tréton de Vaujuas, deux bancs, 9 livres [3].

Puisard (Charles-François-Michel), avocat, un banc, 6 livres.

Esnault (René), notaire, une place 2 livres.

(1) V, tome I, page 87. Pour désigner la situation des maisons habitées par quelques-unes des personnes désignées dans la liste, nous nous servons des noms actuels des rues.

(2) Chaque place dans le milieu du jubé était de 3 livres.

(3) La veuve de Vaujuas habitait la maison que possède actuellement la famille Bidault, place Louis-de-Hercé. Cette habitation fut vendue par sa fille Marguerite-Elisabeth-Françoise Treton de Vaujuas à Victoire Le Nicolais, épouse de Julien-Louis Le Nicolais de Clinchamp, par contrat devant René Coignard, notaire à Mayenne, du 16 ventôse an VII. La dame de Clinchamp mourut le 13 avril 1837, et son frère et son héritier, Pierre Le Nicolais, céda cette propriété à Adolphe Coignard, notaire, et à Sophie Durand, sa femme, suivant contrat devant Godefroy, notaire à Mayenne, du 27 novembre 1837.

Cette maison appartenait, en 1713, à Jacques Treton de Fiefgirard, maître des forges de Chailland.

La Nation avait confisqué l'habitation dont il s'agit, ainsi que la propriété de Loré, en Oisseau, et divers autres immeubles dépendant de la succession de François Treton de Vaujuas. La maison de Mayenne fut recouvrée par la famille, ainsi qu'il appert d'un acte administratif du 6 thermidor an IV.

Jarry des Loges (René-François)[1], une place, 2 livres.

Duvivier de la Cocherie (Thomas-Pierre) [2], père, un banc et une place, 4 livres 10 sous.

Sénéchal (Pierre-Joseph), procureur aux sièges royaux, une place, 2 livres.

Morice de la Rue (Jean-Baptiste), médecin, un banc et une place, 6 livres.

Moulay de la Raitrie (Louis), lieutenant de maréchaussée, un banc, 6 livres.

Touchard-Bretonnière (René), cirier, un banc et une place, 7 livres.

Le Mesnager de la Dufferie, deux bancs et une place, 10 livres.

Pattier (Pierre-Joseph), deux bancs et une place, 6 livres.

Tanniot de Monroux (Guillaume-Marie-Michel), greffier de l'Election, un banc et une place, 4 livres.

Lebourdais, élu en l'Election, un banc et une place, 6 livres.

Leforestier (Nicolas-François) [3], un banc et une place, 5 livres.

Thomas du Taillis (Joseph-Emmanuel-Marie), président du Grenier à sel, une place, 2 livres.

Deschamps du Mery (François-Charles), une place, 2 livres.

De Hercé, l'aîné, un banc et une place, 5 livres.

Lejeune (René-François) [4], un banc et une place, 4 livres.

(1) Jarry-Desloges demeurait au nord du bas de la place de Cheverus, près de l'Hôtel de Ville.

(2) Duvivier demeurait place Louis-de-Hercé, n° 13, (maison Tripier de Lambrière, ci-devant Guesdon).

(3) Leforestier demeurait place Cheverus, n° 1, près de l'Hôtel de Ville (maison Tripier de la Grange).

(4) Lejeune demeurait place Louis-de-Hercé, n° 8.

De Sarcus (César-Eléonor), brigadier des armées du roi, un banc, 6 livres.

Pouteau de Brives (Charles-Louis-René), un banc, 3 livres.

Gournay (Augustin), juge royal, un banc, 4 livres.

De la Bécannière (Jean-Baptiste), notaire, deux bancs et une place, 7 livres.

Durand (Jean-Baptiste), fils du président, un banc et une place, 9 livres.

La veuve Guiard, un banc, 3 livres, et une place, 6 livres.

Oger (Louis), marchand de fils, un banc et une place, 6 livres.

Lepescheux (François), deux bancs et une place, 8 livres.

Bayeux (Jean-Baptiste), marchand, un banc, 3 livres.

Guiard, marchand de vins, une place, 2 livres.

Gougis (Antoine), greffier, deux bancs et une place, 8 livres.

Lebrun (Julien), une place, 2 livres.

La veuve René-Patrice Jamelin, deux bancs et une place, 7 livres.

La veuve Daniel Chalmel, un banc, 3 livres.

Laigneau (Pierre), avocat, une place, 2 livres.

Tripier de la Grange (Armand), un banc et une place, 5 livres.

Lefebvre d'Argencé (François-René), receveur des tailles, deux bancs et une place, 10 livres.

Duvivier, fils, le jeune, une place, 2 livres.

Giffart de la Porte (Etienne Jacques), procureur du roi, un banc et une place, 5 livres.

Lair de la Motte (René-Augustin), avocat, un banc et une place, 8 livres.

La veuve Robert Tripier de la Grange [1], un banc et une place, 5 livres.

La veuve Pierre-René-Charles Montpinçon de Saint-Brice [2], deux bancs, 5 livres.

Benoiste du Perray (Joseph-Thomas), un banc et une place, 5 livres.

Sougé de Lussault (Julien), un banc et une place, 8 livres.

De Goué (Jacques), un banc et une place, 5 livres.

De Baglion (Jacques) [3], une place, 2 livres.

Dubois de la Bas-Maignée (Urbain), un banc et une place, 8 livres.

De Brossard (François), deux bancs et une place, 13 livres.

La veuve Juguin, un banc et une place, 4 livres.

Dupont de Grandjardin (Jean-Jacques), gouverneur, un banc et une place, 5 livres.

La veuve Foubert, un banc, 4 livres.

Dutertre (Jean-Baptiste), huissier, un banc, 3 livres.

Tanquerel de la Panissais (François-Robert), un banc et une place, 6 livres.

Lesage (Pierre), notaire, un banc et une place, 5 livres.

Sauquet (Jacques-Julien), notaire, une place, 3 livres.

Dutertre (François), libraire, une place, 3 livres.

Cherbonnier-Vannerie, un banc et une place, 6 livres.

Dubois (François-Sébastien), marchand, un banc, 4 livres.

Benoiste, de Saint-Martin, deux places, 6 livres.

Benoiste des Ouches (Joseph), deux places, 6 livres.

---

(1) La veuve Tripier demeurait place Louis-de-Hercé, n° 12, (maison Lehuen-Dubourg).

(2) La veuve Montpinçon demeurait place Cheverus, n° 22, (ancienne maison de Sarcus).

(3) De Baglion demeurait place Louis-de-Hercé, n° 6, (maison de Rezé),

Barbeu (Mathurin-René), juge de Fontaine-Daniel, deux bancs et une place, 6 livres.

Chabrun de la Carlière (Pierre-Julien), une place, 2 livres.

Mahé, commis des tailles, un banc et une place, 6 livres.

Rojon (Jean), apothicaire, un banc et une place, 6 livres.

Coulon (Jean-Baptiste-Joseph), procureur de l'Election, une place, 2 livres.

Guimond des Riveries (Joseph-Emmanuel-Marie), un banc, 4 livres.

Leroy (Pierre), notaire, un banc et une place, 5 livres.

Durand, commis du Contrôle, une place, 3 livres.

Georget-Bretonnière (Jean-Baptiste-René), chirurgien, un banc et une place, 7 livres.

Thomas du Taillis, commensal, une place, 3 livres.

Autin (Pierre), médecin, une place, 3 livres.

Duchemin de Bois-Jousse (Louis), avocat, un banc, 6 livres,

Lesayeux (Benoît), négociant, une place, 3 livres.

Coulon, négociant, une place, 3 livres.

Lefebvre des Provostières (Gilles-Julien-François), trésorier, un banc et une place, 7 livres.

Le Pannelier-Fesnerie (Jean-Baptiste), une place, 3 livres.

Du Bailleul (Françoise et Anne), deux bancs, 12 livres [1].

Maupetit (Michel-René), un banc, 6 livres.

Bourdon (Louis-Pierre), procureur, un banc, 4 livres.

De Hercé (le chevalier Jean-François), deux bancs, 9 livres.

---

(1) Les sœurs du Bailleul demeuraient Grande-Rue, n° 65, (ancienne maison Goyet-Dubignon, aujourd'hui à la famille Dumont).

De Chappedelaine (Jean) [1], deux bancs, 91 livres.

Le Mercerel de Chasteloger (Joseph-Hyacinthe) [2], brigadier des armées du roi, un banc, 4 livres.

La sœur du précédent, deux bancs, 6 livres.

La veuve Jacques Jacquet du Seuil, née Anne-Marguerite Lefebvre d'Argencé [3], deux bancs, 6 livres.

La veuve de Baglion, deux bancs, 7 livres.

La dame Jarry des Loges, un banc, 2 livres.

La veuve René-Simon de Gasté, née Anne de la Rye [4], deux bancs, 8 livres.

Pouyvet de la Blinière (René-François-Nicolas), deux bancs, 7 livres.

Goyet-Dubignon (Abraham), lieutenant de l'Election, un banc, 6 livres.

Vidis (François-René), deux bancs, 12 livres.

Sougé (Ambroise-Jean), conseiller, deux bancs, 6 livres.

Lefebvre de Cheverus (Jean-Vincent), juge-général du duché [5], deux bancs, 9 livres.

La veuve Tanquerel (Jean-René) [6], deux bancs, 9 livres.

Le Jariel (Julien) [7], conseiller, un banc, 6 livres.

La veuve Jacques-François Le Frère de Maisons, un banc, 3 livres.

La veuve Gauthier, un banc, 3 livres.

(1) De Chappedelaine habitait place Cheverus, n° 11, (maison Dodard-Desloges-Benoiste).

(2) Le Mercerel demeurait place Cheverus, n° 14, (maison Louis Tripier de la Grange, ancienne maison Ledauphin-Dubourg).

(3) La veuve du Seuil habitait place Louis-de-Hercé, (maison Lehuen-Dubourg.

(4) La veuve de Gasté demeurait (maison Ponthault) à l'angle de la rue de l'Hôtel-de-Ville et de la place de l'Hôtel-de-Ville.

(5) De Cheverus demeurait cour Hellier, maison Godefroy, n° 38.

(6) La veuve Tanquerel habitait au bas de la place Louis-de-Hercé, n° 1, (maison Hédou-Lalande).

(7) Le Jariel demeurait place Louis-de-Hercé, n° 15, (maison Michau de Lannoy, ci-devant Remy).

La demoiselle Françoise de la Roque, un banc, 3 livres.

La demoiselle Renée-Françoise Liger, un banc, 3 livres.

La veuve Bourgaudière, un banc, 3 livres.

La demoiselle Deschamps, un banc, 6 livres.

Des Aulnois (René-Michel) [1], un banc, 3 livres.

La veuve Lefebvre de Cheverus, un banc, 3 livres.

La veuve Urbain-François-Joseph Lefebvre d'Argencé, un banc, 6 livres.

Durand (René-Joseph-Pierre), ancien abbé, un banc, 3 livres.

Benoiste-Desvalettes (Jean-Louis) [2], négociant, un banc, 6 livres.

La demoiselle Renée-Agathe Duval-Gripassière, moitié d'un banc, 30 sols.

Sohier (Thomas), contrôleur, deux bancs, 12 livres.

La veuve Jean-Baptiste Radou des Chauvellières, un banc, 3 livres.

Lemoine (Louis), deux bancs, 3 livres 10 sous.

La dame Claude Romaigné de la Fontainerie, un banc, 3 livres.

Barbot, un banc, 3 livres.

Les demoiselles Marie et Marguerite Barbeu, un banc, 4 livres.

Coulon (Louis), l'aîné, un banc, 6 livres.

La demoiselle Renée-Françoise Gasté du Parc, un banc, 3 livres.

La dame Anne-Françoise Tripier de la Grange, veuve de Louis-Jacques Guillart de Fresnay des Tonnellières, un banc, 6 livres.

(1) Des Aulnois demeurait au nord de la place Cheverus, n° 21, (maison Fontaine).

(2) Benoiste-Desvalettes habitait rue de la Providence, n° 10, (maison Rivière) et auparavant rue de la Visitation.

La veuve Baglin, un banc, 3 livres.

La dame Gautun, un banc, 6 livres.

La veuve Gournay, deux bancs, 4 livres 10 sous.

Hochet de la Terrerie (Augustin-Toussaint-Fidèle), deux bancs, 2 livres 15 sous.

La demoiselle Tripier La Grange-Etiveau, un banc, 4 livres.

La demoiselle de Gasté, l'aînée, un banc, 3 livres.

La veuve Deschamps du Méry, un banc, 2 livres.

La veuve Durand, un banc, 2 livres.

La demoiselle Bouessay, un banc, 6 livres.

Fleury (François), chirurgien, un banc, 2 livres.

La demoiselle Deschamps du Méry, un banc, 6 livres.

Lefebvre de Champorin (Julien-Jean-François), maire de la ville, un banc, 6 livres.

La demoiselle Bonneau, un banc, 3 livres.

Sénéchal, un banc, 6 livres.

Dupont de Grandjardin (Joseph-François), juge criminel, un banc, 6 livres [1].

La veuve Mathieu Leclair, un banc, 2 livres.

La demoiselle Le Nicolais, la jeune, un banc, 6 livres.

Ponthault (André-Jean-François) [2], médecin, un banc, 4 livres.

Duvivier de la Cocherie (François), fils aîné, un banc, 3 livres.

Les demoiselles Poulain, Garnier, Mesnage, un banc, 4 livres.

Guesdon de la Valerie (René), un banc, 2 livres.

Pottier (Dominique), un banc, 3 livres.

Les demoiselles Demay, un banc, 3 livres.

Noël-Lajeunesse, un banc, 2 livres.

---

(1) Dupont de Grandjardin demeurait au nord de la place Cheverus près de l'Hôtel de Ville.

(2) Ponthault demeurait place Cheverus, à l'angle de la place et de la rue de l'ancien Petit-Séminaire.

Dubois (François-Sébastien), marchand de toiles, un banc, 5 livres.

La demoiselle Taillandier, de la Vigne, un banc, 2 livres.

Carré (René), marchand, un banc, 2 livres.

La demoiselle Françoise Cordelay-Sillardière, un banc, 3 livres.

La veuve de Jean Cordelay-Sillardière, un banc, 3 livres.

La veuve de Jean Le Méant, un banc, 2 livres.

La demoiselle Marie Ballesguier, un banc, 2 livres.

La veuve de René Richard, boulangère, un banc, 2 livres.

Chevalier, un banc, 4 livres.

La demoiselle Thomas du Taillis, un banc et une place, 6 livres.

Thomas du Taillis, aîné, un banc, 4 livres.

Des Jouvences (Claude-Raymond) ou sa veuve (sic), un banc, 3 livres.

La veuve René-Joseph Esnault, un banc, 6 livres.

Boisson (François), directeur des Aides, un banc, 3 livres.

Sénéchal (René-François), potier d'étain, un banc, 3 livres.

Lambleux, coutelier, un banc, 3 livres.

La demoiselle Renée-Jeanne Lejeune, aînée, un banc, 2 livres.

La veuve Quinton, un banc et une place, 3 livres.

La demoiselle Quinton, un banc, 3 livres.

La veuve René Le Mesnager, marchande de vins, un banc, 3 livres.

Le Mesnager, marchand de fils, un banc, 2 livres.

La veuve Philippe Lavandier, un banc, 2 livres.
Millière (René), un banc, 3 livres,

La demoiselle Perrine Houdou, de la Mauhitière, un banc, 3 livres.

Lamotte (Jacques-Vincent), cirier, un banc, 3 livres.

Chevrie (Jean), serrurier, un banc, 3 livres.

La demoiselle Maulain-Gandonnière, un banc, 3 livres.

Dubois-Bonneau (François-Sébastien), un banc, 3 livres.

Les demoiselles Françoise et Anne Gontier, un banc, 3 livres.

Bourdin (Laurent), un banc, 3 livres.

La dame Legoué, un banc, 6 livres.

Carré, receveur, un banc, 3 livres.

Bozo, le jeune, un banc, 3 livres.

Viel (Jacques), marchand, un banc, 3 livres.

La demoiselle Manguin, un banc, 2 livres.

La veuve François Le Héricé, un banc, 3 livres.

Brochard (Nicolas), sellier, un banc, 4 livres.

Juguin-Mauguittière (Pierre), marchand, un banc, 3 livres.

La demoiselle Guesdon-Ducoudray, un banc, 3 livres.

La veuve Sorieul, dite Guiller, un banc, 3 livres 10 sous.

Les demoiselles Françoise-Marie et Michelle-Thérèse Boulay, un banc, 3 livres.

La veuve Paucton, un banc, 3 livres.

La veuve Bozo, un banc, 3 livres.

La veuve Gaudinière, un banc, 3 livres.

Soyer et Bonneau, un banc, 3 livres.

La demoiselle Foulon, un banc, gratis.

La veuve Bordeau, un banc, 3 livres.

Davoust (René), libraire, un banc, 2 livres.

Barbeu du Boulay (Edme-Julien), prêtre, une place, 1 livre.

Tripier de Laubrière (François-Jean-Baptiste), élu en l'Election, deux bancs, 9 livres.

Le Bourdais (François), marchand mercier, un banc, 3 livres.

La veuve Martin-Martinière, deux bancs, 3 livres.

La veuve Carré, marchande de vins, un banc, 3 livres.

La demoiselle Goué, un banc, 2 livres.

La veuve Meunier, un banc, 4 livres.

Les demoiselles Moricière, un banc, 2 livres.

Ripault (Pierre), horloger [1], un banc, 3 livres.

Les demoiselles Coulon–Desrochers, deux bancs, 7 livres.

Basin, commis, un banc, 3 livres,

La demoiselle Lecottier, un banc, 3 livres.

Lesage (Robert), chapelier, un banc, 30 sols.

Salin (Jean), notaire, un banc, 30 sols.

Lottin-Jugué (François), négociant, un banc, 4 livres.

La veuve Bourdon, hallière, un banc, 30 sols.

Vieilpont, brigadier de maréchaussée, un banc, 3 livres.

De Baglion, un banc, 3 livres.

Nory (Jacques), orfèvre, un banc, 2 livres.

La veuve Bourdon et sa fille, un banc, 30 sols.

Les demoiselles Guy-Pottier, un banc, 3 livres.

Maulaint, bourgeois, un banc, 3 livres.

La veuve Pierre Jacquet, une place, 1 livre.

Heuveline (Antoine-Richard), une place, 1 livre.

Buchault, marchand, un banc, 3 livres.

Neveu (Jean), marchand, un banc, 3 livres.

La demoiselle Château, un banc, 30 sols.

Grosse (François), perruquier, un banc, 3 livres.

*Chapelle Saint-Crespin*

Banc des sept ménages :
Pottier (Michel), une place, 1 livre.

[1] Ripault demeurait Grande-Rue, n° 25.

La demoiselle Duhoux, une place, 1 livre 10 sous.

Gobart (Jean), serrurier, une place, 1 livre.

Grosse (Pierre), couvreur, une place, 1 livre.

La demoiselle Mesnage, couturière, une place, 1 livre.

Merel (Jean), père, une place, 1 livre.

La dame Bourdais, une place, 1 livre 10 sous.

*Côtés de la tribune*

Buchau (Pierre), une place, 2 livres.

Jardin (Julien), l'aîné, tailleur, une place, 2 livres.

Pichard (Michel), tailleur, une place, 2 livres.

Le Teilleul (François), tailleur, une place, 2 livres.

La demoiselle Canton, un banc, 3 livres.

Grosse (Michel), couvreur, une place, 2 livres.

Laurent, l'aîné, serrurier, une place, 2 livres.

Gasseau, frères, deux places, 4 livres.

Rocton (Augustin), une place, 2 livres.

Goussay (François), marchand, place des Halles, une place, 2 livres.

Havard (Siméon), un banc et une place, 4 livres.

Michaud (Ours), cabaretier, le dessus d'un petit coffre et une place, 3 livres.

Bernier (Jean), une place, 2 livres.

Allard (Julien), une place, 2 livres.

La demoiselle Deschamps du Méry, pour sa domestique, une place, 2 livres.

Bordeaux, l'aîné, huissier, une place, 2 livres.

Pingaud (Augustin), couvreur, une place, 2 livres.

Colin (Pierre), une place, 2 livres.

Bourgaud (Jean), fils, une place, 2 livres.

Moulinet, dit Lormeau, une place, 2 livres.

Nory (Jacques), orfèvre, une place, 3 livres.

Ponthault (André-Jean-François), médecin, une place, 3 livres.

Sénéchal (René-François), potier d'étain, une place,
3 livres.

Chartier (Jean), une place, 2 livres.

*Chapelle de N.-D. de Pitié*

Toutain, maçon, une place, 1 livre 10 sous.

Semmère (Jacques), cloutier, une place, 1 livre 10 sous.

Chabrun, père et fils, lainiers, deux places, 3 livres.

Mesnage (François), lainier, une place, 1 livre 10 sous.

Boissier (François), dit La Butte, tailleur, une place,
1 livre.

Davoust (René), libraire, une place, 1 livre.

Renard (Antoine), voiturier, une place, 2 livres.

Lacour (Jean-Baptiste), perruquier, une place, 2 livres.

Oger (Jacques), mégissier, une place, 2 livres.

Montagu (Jean), marchand de fils, une place, 2 livres.

Bouilli (Jean), cordier, une place, 2 livres.

Potier (François), hôte. une place, 2 livres.

Portais, tisserand, une place, 2 livres.

Decole (François), une place, 2 livres.

Gautier, une place, 2 livres.

Girault et Lafleur, deux places, 4 livres.

Nolan, marchand, une place, 2 livres.

Barbot, apothicaire, une place, 3 livres.

Guesdon-Ducoudray (Urbain-Louis), une place,
2 livres.

Pouteau de Brives (Charles-Louis-René), une place,
3 livres.

Potier (René), menuisier, un banc, 4 livres 10 sous.

Glory (Julien), tapissier, un banc, 4 livres 10 sous.

Molan (Claude), un banc, 3 livres.

Chevrinais, un banc, 3 livres.

Gobart (Pierre), hôte, deux places, 3 livres.

La demoiselle Renault, un banc, 3 livres,

La veuve Marguerite Bordelet, un banc, 3 livres.

Leclair (Marin), un banc, 1 livre 10 sous.

La veuve François Yvain, marchande de toiles, un banc, 3 livres.

### Chapelle de N.-D. de Grâce

Sohier (René), cordonnier, une place, 1 livre.

Palais (Julien), écrivain public, une place, 30 sous.

Martin, tailleur, une place, 1 livre 10 sous.

Toulain (Clément), une place, 30 sols.

Le Fizelier (Pierre), menuisier, une place, 1 livre 10 sous.

La veuve Yvain, une place proche le banc des demoiselles Blinière, 1 livre.

La demoiselle Pailleux, une place proche Mme de la Bourgaudière, 10 sols.

La demoiselle Chevalier, une place, 1 livre.


## L

MÉMOIRE ADRESSÉ PAR UNE PARTIE DU CLERGÉ DE LA PAROISSE DE N.-D. A ARMAND-CHARLES DE LA PORTE, DUC DE MAZARIN ET DE MAYENNE, DANS LE BUT D'OBTENIR UN RÈGLEMENT POUR L'ÉGLISE DE NOTRE-DAME DE MAYENNE [1].

(*1706*)

1° Qu'on nomme un fidèle pointeur d'entre messieurs les prêtres habitués, pour marquer les absents au service que doit payer le sieur procureur des Confréries, lequel sieur procureur, étant à sa recette ou à la poursuite de quelque procès concernant sa charge ou autrement, ne pourrait faire bonne justice en la distribution, outre

(1) V. tome I, page 105.

qu'après sa régie lui ou les siens, rendant compte, ne pourront si facilement l'enfler ni augmenter, étant obligé à même temps de conserver e enregistrer les mémoires arrêtés et paraphés du sieur pointeur.

2° Qu'on règle tous les droits d'un chacun sur tous ceux du sieur curé, lequel, conformément à l'arrêt de la Cour du 2 avril 1672, doit avoir comme quatre prêtres, ses vicaires comme aussi les officiers et autres ecclésiastiques égales portions, les confréries étant de la nature des fondations et les droits des sépultures étant autrement réglés.

3 Donc, puisque de temps immémorial chacun des ecclésiastiques a eu ou dû avoir pour chaque octave du Saint-Sacrement $2^{#}$, ledit sieur curé n'en doit prétendre que $8^{#}$ et chaque messe des Confréries payable à $10^{s}$, et au service particulier pour les défunts confrères, chaque ecclésiastique a reçu ou dû recevoir $2^{s}$ pour son assistance, donc le sieur curé $8^{s}$ ; et pour la messe $10^{s}$, laquelle se doit dire tour à tour, auquel messieurs les curé et prêtres se fourniront de cierges.

4° Que les messes du rosaire pour les premiers dimanches, celle du Saint-Nom-de-Jésus au second dimanche, celle de Torbéchet, de Surgan et enfin celle du général pour les défunts confrères, aux derniers dimanches de chaque mois, soient chantées à diacre et à sous-diacre, autant que faire se pourra, auxquelles messieurs les prêtres habitués assisteront, savoir, à l'été, à 6 heures, et à 7 à l'hiver, qui est depuis le dimanche d'octobre jusques à Pâques ;

5° Que les messes des Confréries, pour les six autres jours, qu'on appelle depuis un dimanche jusqu'à l'autre, soient aussi chantées sans diacre ni sous-diacre, sinon les jeudis celles du Saint-Sacrement et les samedis celles de la Vierge, qui seront exactement chantées à diacre et à sous-diacre et fort solennellement après qu'on aura fait procession dans l'enceinte de l'église, selon l'ancienne coutume, aussi à 6 heures à l'été et à 7 à l'hiver et que messieurs les ecclésiastiques se fourniront de cierges et non la Fabrique;

6° Et ainsi une seule messe, à voix haute et en plain-chant étant suffisante ici, selon la coutume de plusieurs autres villes et paroisses, on doit régler et convenir que les messes payées et entretenues par les quêtes du plat dit des trépassés, seront dorénavant dites à voix basse par un ou plusieurs des prêtres habitués, à 10 heures à l'été et à 11 heures à l'hiver, pour la commodité du public, des gens infirmes, occupés, voyageurs, etc. Et aux jours des dimanches et fêtes, elles seront dites après l'offertoire de la messe paroissiale. Et pour cet effet nommer un procureur des trépassés fidèle et solvable, lequel déposera le revenu de sa quête entre les mains du sieur procureur des Confréries de mois en mois;

7° Que le sieur curé permette, s'il lui plaît, comme ont fait ses prédécesseurs, que messieurs les sacristes enferment le restant des chandelles de suif qu'on donne aux autels, excepté ceux de la Vierge, la nuit de Noël, pour les faire servir pendant l'hiver au chœur pour dire les messes hautes des confréries et ensuite les matines qu'on dit aux fêtes et dimanches, trop tard faute de chandelles, et conséquemment tout le reste du service divin aussi trop tard les dits jours des dimanches et fêtes.

8° Que, conformément aux ordonnances générales de ce diocèse, le sieur curé soit obligé de commencer la messe paroissiale à neuf heures à l'été et à dix heures à l'hiver, aux fêtes et dimanches.

9° De plus, qu'on demande par toutes voies justes au dit sieur curé qu'il exécute en droit soi le règlement du vénérable archidiacre de Laval, en date du vingt-trois juin seize cent quatre-vingt-dix, dont la minute est déposée chez Mᵉ René Davoynes, notaire-royal, fait entre les sieurs curés, ecclésiastiques et habitants par la représentation de Mᵉ Guy Billard, sieur de Lorière, procureur de Fabrique.

10° Qu'en exécution du dit règlement, le sieur curé dépose les titres des fondations avec ceux de la Fabrique et des Confréries, sous trois ou quatre clés, et qu'il en soit préalablement fait inventaire. Après quoi, ledit sieur curé en aura une clé, le sieur procureur des Confréries une et le sieur procureur de Fabrique une ; et au cas qu'il y ait un autre procureur pour messieurs les ecclésiastiques, que le sieur curé qui s'en est lui-même établi, il aura une quatrième clé des dits titres.

11ᵘ Que ledit sieur curé mette dans la sacristie, en un lieu apparent, un ou deux tableaux pour les douze mois de l'année où chaque fondation sera marquée, son revenu, son jour, ses services, prières et charges, le nom du fondateur, le nom du notaire passeur de l'acte, et la date de ladite fondation.

12° Qu'il soit fait défense aux sieurs curé, vicaires et autres prêtres et ecclésiastiques dudit Mayenne, originaires ou non originaires, habitués ou non habitués, de disposer et se servir à l'avenir des cierges, meubles et ornements publics, sinon pour le service public seulement, avec ordre à messieurs les sacristes d'en être plus soigneux, comme aussi de tout ce qui concerne leurs charges et emplois, à peine d'en répondre et d'être déposés et révoqués.

13° Que, selon les justes et louables coutumes des autres lieux et églises où les charges, offices et emplois sont payés par l'œuvre de la Fabrique, le sieur curé ne puisse dorénavant, seul, présenter à aucun desdits emplois, mais bien conjointement avec lesdits sieurs procureurs de Fabrique et un nombre suffisant de douze habitants, et que les ecclésiastiques originaires y soient élus et choisis préférablement aux externes, en étant dignes ;

14° Que ledit sieur curé mette entre les mains du sieur procureur de Fabrique deux petits chandeliers et une croix d'argent pour aider à acheter deux grands et honnêtes chandeliers d'argent, nécessaires pour l'accompagnement des six autres grands servant aux fêtes solennelles ;

15° Que pour la paix et la réunion de messieurs les ecclésiastiques, le sieur curé, conformément à une sentence arbitrale du 24 Mars 1672, homologuée en parlement du 2 avril suivant, se contente de prendre quatre parts ou portions sur le total des fondations dont plusieurs sont mal acquittées, et non, comme il fait, le quart des sommes entières, et ce, sans avoir égard à une erreur insérée dans le susdit règlement du 23 juin 1690, fondé sur la sentence de Tours, laquelle a été comme ci-dessus expliquée pour cet article par le susdit arrêt du 2 avril 1672.

16° Que le sieur curé se contente seulement de ses droits et qu'il cesse de recevoir ceux de messieurs les ecclésiastiques, qui souhaitent avoir entre eux un receveur et un pointeur fidèle, ainsi qu'ils en avaient par le susdit règlement, ou bien que messieurs les habitants y apportent remède en payant, selon les anciennes coutumes, les droits à un chacun, vu qu'il est honteux, et même fort scandaleux de voir que le sieur curé ose dire qu'il est en avance envers messieurs les ecclésiastiques de 2.000 $^{lt}$ environ, nonobstant qu'abusant de leur simplicité, il ne leur fait qu'une modique distribution par chaque année.

17° Que le sieur procureur des Confréries, requis pour faire acquitter les services particuliers pour les défunts confrères et sœurs de la Confrérie du Saint-Sacrement, règle seul les jours convenables, sans être obligé d'en conférer avec le sieur curé, sinon pour les faire publier le dimanche précédent, et que les prêtres habitués en chantent les messes tour à tour en commençant par le sieur curé, si bon lui semble, auxquelles messieurs les curés et prêtres se fourniront de cierges et non la fabrique comme dit est.

18° Que, sans avoir égard à un acte subreptice, que le sieur Lepinay, premier vicaire et catéchiste, fit signer à certains de ses amis, lors de la nomination d'un organiste dit Latour, on sache que suivant l'arrêt du 2 avril 1672, messieurs les deux vicaires ne doivent avoir que le double chacun d'un simple habitué et que les habitants ne sont pas autrement contribuables pour le droit du catéchisme que pour l'administration des sacrements, pourquoi le sieur curé a des dîmes et autres droits et devoirs ordinaires.

19° La Fabrique qui donnait ci-devant au sieur Morin 200 livres, ensuite au sieur Lestard, organiste, 150 livres, profitait du restant et surplus du loyer et fondation, pourquoi elle s'est chargée depuis de payer 8 livres de rente foncière à la Chapelle des Madrés [1], hypotéquée et due sur un logis où étaient alors logés les prédicateurs, mais la Fabrique, qui a donné tout le revenu de la dite fondation de l'orgue au sieur Esnault, doit non seulement être libérée de ladite rente mais encore avoir droit de répétition des arrérages sur ledit Esnault, payé depuis sa nomination, et enfin faire casser et annuler l'acte par lequel elle s'était obligée à cette rente de 8 livres, car celui qui a tout doit payer les rentes.

20° On doit choisir plus souvent des procureurs de Fabrique et même trois comme à Paris, l'un comptable et deux d'honneur, bien affectionnés et zélés pour l'église, qu'on voit avec une sensible douleur tellement abandonnée qu'elle semble aller totalement en déca-

<hr>

(1) Voir *Les Chapellenies de Mayenne avant la Révolution*, pages 31 et s.

dence, faute de réfection et réparation au pavé, aux cloches, à la couverture, aux fenêtres, à l'horloge, aux murs et aux ornements, nonobstant son revenu assez suffisant, qui paraîtrait davantage si l'on faisait rendre les comptes souvent et exactement à un chacun des dits sieurs prêtres.

21° Qu'on ne puisse à l'avenir recevoir ni admettre aucune fondation que d'un commun consentement de messieurs les curés, procureurs des Confréries et de la Fabrique et celui de messieurs les ecclésiastiques avec deux ou plusieurs principaux habitants, auxquels services de fondation la Fabrique ne doit pas fournir de cierges, s'il n'y a, pour ce, quelque revenu au profit de la dite Fabrique.

22° Que, conformément aux susdits arrêts et règlements, celui qu'on choisira procureur de messieurs les ecclésiastiques leur paie ce qui sera dû à un chacun le premier samedi de chaque mois.

23° Que les sonneurs soient incessamment révoqués pour plusieurs raisons trop connues et qu'on en établisse en leur place d'autres plus sages et plus fidèles, dont on réglera les droits et devoirs, lesquels ne pourront carillonner, ni disposer du clocher sans règle et nécessité publique et que par l'avis des sieurs curés et procureurs de Fabrique, et qu'aucune femme ni fille ne sonne jamais les cloches, conformément aux canons et règles de l'Eglise.

24° Qu'on fasse faire une robe longue pour un second bedeau, comme celle du premier bedeau, afin qu'un chacun d'eux précède chacun des deux rangs ou ailes du clergé aux processions et les deux encenseurs pour le service divin dans l'église.

25° Que les deux bedeaux aient bien soin d'empêcher tous les laïques d'être dans le chœur parmi messieurs les ecclésiastiques, non plus que dans la sacristié haute et basse sans nécessité, et qu'ils fassent sortir de la dite église les étrangers vagabonds qui y font des quêtes sans ordre ni approbation.

26° Que le sieur procureur de Fabrique se fasse payer pour chaque sépulture les droits de fosses, si elles sont dans l'église, et le droit des cloches et des ornements, selon l'ancienne coutume; quel droit doit être réglé entre messieurs les habitants.

27° Que le sieur procureur fasse rehausser le pavé le long de la cloison proche le banc de monseigneur le duc, au bout du maître-autel, du côté de l'évangile, à l'égal de celui qui est proche la sacristie.

28° Qu'on oblige par toutes voies le sieur curé, maître Jean Durand, à la réfection d'une muraille le long de son jardin à ses propres dépens, attendu qu'il a démoli le dit mur depuis quelques années, lequel séparait son dit jardin d'avec un ancien cimetière, qu'il doit être tenu aussi de rétablir et remettre en son ancien état pour y faire des sépultures et des processions au dehors et autour de l'église, conformément à l'ancien usage;

Car,

Premièrement, le dit cimetière n'a pas dû être démoli pour le plaisir du curé, qui en a augmenté son jardin sans le consentement des habitants, qui ne l'auraient pas permis, étant trop nécessaire au public pour les raisons ci-dessus;

Secondement, cela est fait sans l'autorité et la permission de Monseigneur l'Evêque du Mans qui, bien loin de permettre la démolition et profanation des lieux saints et surtout du cimetière, qui sont les dortoirs ou sacrés reliquaires des défunts chrétiens, en recommande sans cesse l'entretien et la vénération;

Troisièmement, il fallait le consentement du seigneur le duc de Mazarin et de ses héritiers, attendu que l'espace du dit ancien cimetière était du fief de ce duché et le jardin avec le presbytère du fief d'Assé;

Enfin, quatrièmement, si le seigneur évêque avait promis ou pu promettre, comme non, la démolition dudit cimetière, sans le consentement du public ou sans autre cause que l'intérêt et seul plaisir du dit sieur curé, il aurait fait observer, avant cette profanation, les canons et les règles de l'Eglise qui requièrent surtout qu'on lève une certaine hauteur de la terre sainte du dit lieu.

29° Enfin, que messieurs les habitants fassent ôter des vignes vierges, que le dit sieur curé a fait planter contre les murs de l'église, cela étant préjudiciable à la maçonnerie de la dite église et au vitrail.

Le dit sieur curé Durand étant mort, pour rendre ses comptes à Dieu seul le 29 novembre 1705, le sieur Bordelay prit possession du dit bénéfice-cure le 7 de décembre suivant, sans y avoir rien réformé ni innové, sinon qu'il a augmenté ses droits curiaux, dans l'excès même, contre les volontés et règlements des fondateurs, ainsi qu'il appert par la distribution, faite l'an présent 1706, de la fondation pour les Quarante heures pendant les trois jours du Carnaval, fondée par Me Jean Legras, vivant sieur curé de cette église. Donc, selon M. Bourdais, il ne faut plus qu'une fondation pour fondre et abolir les autres, car la religion et l'intérêt d'un gain honteux et sordide étant incompatibles ne font ensemble qu'une horrible abomination.

Le tout ce que dessus représenté à Son Excellence Monseigneur le duc Mazarin, pour (par) lui apporter s'il lui plaît remède pour la plus grande gloire de Dieu, le rétablissement et le soutien de la dite église et l'édification de ses peuples, qui voient avec douleur la grande désolation qui a été causée par la malice ou négligence de ceux qui y tiennent les premiers rangs.

Signé: CHAILLOU.

## M [1]

### FRAGMENTS DE GÉNÉALOGIE DE LA FAMILLE DE LA BROISE.

Cette famille, originaire de Normandie, s'est divisée en un grand nombre de branches, dont plusieurs se sont établies dans le Maine. M. de Chamillart, lors de la recherche de 1666, cite quatorze gentilshommes de ce nom dans la seule Election de Mortain. Sa filiation remonte à Richard, seigneur du fief de la Broise, qui vivait en 1295.

Les noms qui figurent dans cette note sont donnés par ordre de filiation. Chaque génération fait l'objet d'un alinéa.

I

De la Broise (Richard), époux de Jeanne de Cernon.

De la Broise (Jean), époux de P... de Bois-Turpin.

De la Broise (Guillaume), époux de Olivette Rouxel. — Olivette était fille de Olivier Rouxel, seigneur de la Pasturière.

De la Broise (Thomas), époux de Perrette du Bois-Sainte-Marie. — Thomas fut du nombre des 123 gentilshommes qui, en 1423, défendirent le Mont Saint-Michel contre les Anglais (V. *Nobiliaire de Normandie*, de E. de Magny ; *Histoire du Mont-Saint-Michel*, par Mgr Deschamps du Manoir).

De la Broise (Thomas), époux de Yvonne Allard. — Thomas, frère de Pierre, eut quatre enfants : Pierre ; Nicolas, curé de Saint-Pair, près Granville ; Jean et Robert. Les titres de noblesse des frères Thomas et

(1) V. tome I, p. 125.

Pierre furent contestés, lors de la recherche de Mont-
faut. Ils se pourvurent aussitôt devant le roi Louis XI,
qui tenait sa cour à Chinon, et en obtinrent qu'il fût
procédé à un examen plus sérieux des pièces qu'ils pro-
duisaient. Le commissaire qu'on en chargea conclut à
leur régularité et on leur délivra de nouvelles lettres.

De la Broise (Pierre), seigneur de la Graverie, époux
de Jacqueline de Malherbe.

De la Broise (Richard), seigneur de la Rivière, époux
de Marie-Guillemine Huc de Bellée.

De la Broise (Robert), époux de Catherine du Rozel
(voir ci-après titre III, une branche de cette famille).

De la Broise (Pierre), seigneur du Chalonge et de
l'Epinay, époux de Gillette-Nicole de Lespronnière.

De la Broise (Jean), seigneur du Chalonge, époux de
Renée Leclerc. — Jean, demeurant aux Poiriers, en Ju-
vigné-des-Landes, figura, en 1675, au rôle du ban et de
l'arrière-ban de la noblesse du Maine, comme possé-
dant 1.000 livres de revenus. Son contrat de mariage
avait été reçu par Millecent et Gougeon, notaires, le 6
juin 1663.

De la Broise (Jean-Marie), seigneur du Chalonge,
époux de Marie-Catherine de Feillet. — Le contrat de
mariage des époux de la Broise-Feillet fut passé devant
Montguerré, notaire à Montenay, le 24 août 1692. La
future était fille de Lancelot de Feillet et de Anne
Duval, dont le contrat de mariage avait été reçu par
Paulin, notaire à Carelles, le 11 mars 1671. Jean-Marie
était frère de Charles-Jean, de Renée et d'Olive. Cette
dernière épousa Pierre du Blanchet.

De la Broise (Augustin), seigneur de la Daligaudais,
époux de Julienne-Andrée du Pontavice-Bourbouillé.
— Augustin était frère de Charles-Pierre, seigneur du
Domaine, mari de Angélique de Maulne (1713). Julienne-Andrée du Pontavice, fille de Jean du Ponta-

vice et de Julienne Lorfeuvre, était sœur de Jean du Pontavice, qui épousa P... de la Maillardière.

De la Broise (Jean), époux de Anne Paré. — Jean mourut à Saint-Clément de Craon, le 25 juillet 1791 ; sa femme, née à Louverné, décéda même paroisse, le 2 avril 1793.

De la Broise (Augustin), époux en premières noces de Louise-Jeanne de Chalus (sans postérité), — Louise-Jeanne de Chalus, née à Saint-Hilaire-des-Landes, le 19 janvier 1751, mourut au Pertre, le 21 avril 1806. Son contrat de mariage fut reçu par Gascoin-Villette, notaire à Chailland, le 21 nivôse an IX. Elle était : 1º fille de Louis-François de Chalus de Rouessé, en la Baconnière, et de Jeanne de Cornilleau ; 2º sœur de Jean-Charles de Chalus de la Braudais, de Mathurin-Elisabeth de Chalus et de Louis-Simon de Chalus. Augustin épousa en secondes noces Marie-Anne Jarry-Desloges. Il était né à Saint-Clément de Craon le 20 mai 1774, décéda à Colombiers le 1er mai 1820 ; sa femme, née à Colombiers, le 7 septembre 1772, mourut même paroisse, le 2 septembre 1820. Leur contrat de mariage avait été passé devant Voisin, notaire à Fougerolles-du-Plessis, le 14 février 1814. Cette branche de la famille de la Broise était pauvre. La mère d'Augustin, née Paré, mourut à l'Hôtel-Dieu de Saint-Clément de Craon ; il ne possédait lui-même avant son premier mariage qu'une petite closerie, située à la Bieudière, commune du Loroux, près de Fougères, qui au milieu du xixᵉ siècle n'était que d'un revenu d'environ 200 livres ; sa sœur Anne-Joséphine de la Broise, sans fortune, épousa Charles Gudin, charcutier, à Paris, rue Galande, nº 27, et eut pour fils Jean-Antoine-Théodore Gudin, un des grands peintres de marines, né à Paris, élève de Girodet, commandeur de la Légion d'honneur en 1855.

De la Broise (Augustin-Stanislas), époux de Justine-

Madeline de la Vallée. — Augustin-Stanislas, né à Fougerolles le 21 septembre 1815, décédé à Lévaré le 6 mai 1860, se maria en 1840, à Danvou (Calvados). Sa femme, née à Danvou, le 18 février 1818, mourut à Lévaré, le 1er décembre 1854. Il avait une sœur, Zénaïde-Joséphine-Agnès de la Broise, née à Fougerolles le 21 janvier 1819, qui se maria même commune le 11 juillet 1837 et mourut à Niort le 24 juillet 1888.

## II

De la Broise (Jean), seigneur de la Foutelle et du Boulvert, époux de noble dame Françoise Fauvel. — Jean de la Broise mourut le 18 décembre 1688. Le partage des biens de sa succession eut lieu devant Julien Guillard et Jean Le Roy, tabellions de la vicomté de Mortain, au manoir seigneurial du Boulvert, en 1699.

De la Broise (Claude-François), écuyer, seigneur de la Haye (en Désertines), époux de dame marquise Eléonore-Elisabeth Laisné de Torchamp. — Claude-François, né à La Chapelle-Urée, le 27 juillet 1676, filleul de messire Claude Vassy, chevalier, seigneur de Pirron et de noble dame Françoise de Romilly, son épouse, marié paroisse de Fougerolles-du-Plessis, était frère de Julien, écuyer, seigneur et patron de la Chapelle-Urée et du Boulvert, qui épousa noble dame Marie Chupin, et de Thomas, Jean, Alexandre, Françoise, Jacqueline, Thérèse, Geneviève...

De la Broise (Alexandre-Henri), écuyer, seigneur de la Haye, époux de demoiselle Marguerite-Anne-Jacqueline Le Feuvre. — Le mariage des époux de la Broise-Le Feuvre eut lieu à Fougerolles le 25 avril 1743 ; la femme mourut le 14 ventôse an III, à l'âge de 68 ans.

De la Broise (Jean-Baptiste-Joseph-Alexandre), écuyer, seigneur de la Haye, époux de Marie-Anne

Couppel de la Goulande. — Jean-Baptiste-Joseph-Alexandre, né à Fougerolles le 11 juillet 1746, se maria à Champsecret le 1ᵉʳ août 1778. Il fut nommé juge de la baronnie d'Ambrières, le 31 mars 1772, par René Mans, sire de Froullay, comte de Tessé, baron d'Ambrières, puis nommé, le 27 fructidor an X, juge du tribunal de Mayenne. Son frère Louis-Alexandre, décédé le 14 juillet 1751, eut son tombeau dans l'église de Fougerolles.

De la Broise (Alexandre), écuyer, seigneur de la Haye, né à Ambrières le 23 juin 1779, président du tribunal civil de Mayenne, décédé le 25 novembre 1836, marié en premier mariage avec Charlotte-Rosalie du Mesnil de Saint-Denis (sans postérité), épousa en secondes noces, le 23 décembre 1824, Emilie-Césarine Lefebvre de Bois-Jousse, née à Mayenne le 12 brumaire an VII, décédée à Laval le 12 novembre 1860. Il était frère de Henri-Joseph de la Broise, né à Désertines le 8 février 1799, décédé à Mortain le 28 octobre 1833, qui avait épousé Aline Guesdon de Beauchêne, à Mortain, en juin 1822.

De la Broise (Edmond-Marie-Joseph), époux de Louise de Farcy de Pontfarcy. — Edmond-Marie-Joseph, né à Laval le 19 mars 1827, docteur en droit (1850), lauréat de la médaille d'or Ernest de Beaumont, décédé à Pau le 9 décembre 1871, épousa à Laval, le 29 août 1853, Louise de Farcy de Pontfarcy, née à Jersey le 13 mai 1835, décédée à Brée le 9 août 1887. Il était frère de Mathilde de la Broise, née en juin 1829, décédée le 2 novembre 1890, épouse de Jules, vicomte de Pioger, né le 4 août 1819, décédé le 19 octobre 1878, dont Marie, religieuse du Sacré-Cœur, Geneviève, André marié à Marie Roumain de la Touche, Alain marié à Julie de Saint-Germain, Yvonne épouse en premières noces de Hippolyte, baron de Montcuit, et en second mariage de Henri de Boisseguin, capitaine d'infanterie.

De la Broise (Maurice-Marie-Joseph), né à Laval le 28

avril 1863, épousa à Rennes, le 19 février 1889, Marie-Thérèse-Louise-Françoise d'Antin, née à Sauveterre (Hautes-Pyrénées), le 20 juillet 1867. Il était frère de : 1° Edmond-Marie-Frédéric, né à Laval le 4 février 1855, décédé à Brée le 3 mai 1869 ; 2° Etienne-Marie-Jean, né à Laval le 4 avril 1856, décédé à Parné le 6 juillet 1881 ; 3° Marie-Louise-Anne-Emilie, née à Laval le 4 avril 1861, mariée à Brée le 1er février 1887, à Henri, vicomte de Marcé, décédée sans postérité, le 6 novembre 1910, à Evron ; 4° Cécile, née à Brée le 30 août 1869, décédée au mois d'octobre suivant.

De la Broise (Etienne-Marie-François), né à Brée le 22 octobre 1889, décédé à Rennes le 28 juin 1911 ; (Georges-Marie-Henri-François), né à Brée, le 28 avril 1894 ; (Marie-Antoinette-Bernadette-Anne-Françoise-Joseph), née à Rennes le 13 avril 1899.


### III


De la Broise (Robert), époux de Catherine du Rosel (voir titre I ci-dessus).

De la Broise (Guillaume), seigneur du Chastellier et du Mesnil-Ozenne, époux de Bertrande de Charton. — Guillaume, décédé le 11 février 1692, était frère de : 1° Pierre, sieur du Chalonge et de l'Epinay (v. titre I) ; 2° Thomas, sieur de la Crestinière, président de l'Election de Mortain, qui épousa, en janvier 1625, Julienne de la Broise, sa cousine ; 3° Jean, patron de Beauficel, époux de Marie-Catherine Guyot ; 4° Michel, avocat à Rouen, mari de P... Le Cousturier de Neuville ; 5° Cosme, prêtre, mort à Paris en 1652.

De la Broise (Jean), seigneur du Mesnil-Ozenne, procureur du roi, mort en duel en 1677, épousa en premières noces Anne Fortin, le 29 juin 1649, et en second mariage Marie-Anne du Taillis. Il était frère de

Claude, prêtre, demeurant à Tallevende (1681), et de
René. De sa seconde union, Jean eut deux filles : Marie-
Anne et Renée-Catherine ; celle-ci épousa, le 8 février
1686, Jean-Baptiste Lemarié de Saint-Quentin (sans
postérité).

De la Broise (Guillaume), procureur du roi, marié à
Louise-Agnès Le Mercier, épousa en secondes noces
Alexandrine Vivien, dont il eut une fille prénommée
Anne.

De la Broise (Pierre), seigneur du Mesnil-Ozenne,
avait épousé Marie-Gillette-Alexandrine Grimod le
18 décembre 1713. Il était frère germain de Jeanne-
Baptiste-Françoise, née en 1691, paroisse de Notre-
Dame-des-Champs d'Avranches (sans postérité).

De la Broise (Pierre-François), seigneur de Champil-
lon, né le 9 mai 1724, capitaine au régiment d'Aunis,
chevalier de saint Louis, se maria avec Jeanne-Ursule-
Jacqueline de Pierre. Son contrat de mariage fut passé
à Avranches le 5 février 1775. Il était frère de : 1º Françoise, mariée à Siméon-Julien d'Avenel le 13 septembre
1732 ; 2º François, né le 6 novembre 1721 au Mesnil-
Ozenne, curé de Granville, mort en 1787, inhumé sous
la croix de l'église du Roc de Granville ; 3º Alexan-
drine-Jacqueline ; 4º Alexandre-Félix-Sylvestre.

De la Broise (Antoine-Jean-René), époux de Mélanie-
Adélaïde Lucas. — Antoine-Jean-René, né le 25 avril
1779, qui habita Saint-Pair, près Granville, puis Bayeux,
mourut à Rennes le 17 Juin 1856, sans postérité. Il dis-
posa par testament de sommes supérieures à l'importance de sa fortune ; l'exécution en a été tellement difficile que ses héritiers ou leurs représentants plaidaient
encore en 1905. Le défunt était frère de Françoise-Marie-
Agathe et de César de la Broise. (Voir ci-après titre
IV et VII).

## IV

De la Broise (Françoise-Marie-Agathe), née le 24 mars 1776 (voir ci-dessus, titre III), épousa Charles-François-Gustave du Homme, vers 1815.

Du Homme (Jeanne-Claude-Elisabeth), mariée à Louis-Jules-Eugène Pillault du Homme. Elle avait pour sœur Clémence-Marie-César du Homme, décédée à Chinon, mariée à Louis-Armand-Alphonse-Amable Yvelin de Béville, receveur des finances, dont la fille, Marie-Charlotte-Alphonse, épousa Auguste-Jules-Marie de Bersolle, secrétaire d'ambassade.

Pillault du Homme (Louise-Marie-Agathe-Clémence) épousa Alexandre-Pierre de Boutray. Elle était sœur de Gustave Pillault du Homme (voir ci-après titre VI).

De Boutray (Pierre-Marie-Jules-Victor), né à Versailles le 24 février 1864, marié en juillet 1891 à Pauline-Marie Clausse, fille de François-Jean-Baptiste Clausse et de Marie-Hélène de Foye. Pierre-Marie-Jules-Victor de Boutray était frère de Marie-Alexandrine-Jeanne-Andrée de Boutray (voir ci-après titre V).

De Boutray (Hubert).

## V

De Boutray (Marie-Alexandrine-Jeanne-Andrée) (voir ci-dessus titre IV) épousa le 30 mai 1876 Frédéric-Marie-Louis de Poulpiquet du Halgouët, lieutenant d'infanterie et en eut 4 enfants :

1º Henry-Adolphe de Poulpiquet, né en 1877.

2º Alain-Alexis-Marie de Poulpiquet, marié en 1909 à Yolande-Marie-Joséphine-Madeleine de Charette de la Contrie, fille de Maurice de Charette et de Marie-Eulalie de Bourbon.

3° Bernard de Poulpiquet, qui épousa le 25 août 1909 Antoinette de Poulpiquet.

4° Marguerite de Poulpiquet.


## VI

Pillault du Homme (Gustave) (voir ci-dessus titre IV) épousa, à Falaise, le 28 novembre 1860, Juliette-Augustine Bionneau d'Eyragues, dont il eut :

1° Jeanne-Marie-Juliette Pillault du Homme, née à Avranches, le 6 mai 1863, religieuse de la Charité.

2° Madeleine Pillault du Homme.


## VII

De la Broise (César) (voir titre III), né au Mesnil-Ozenne le 5 juin 1777, épousa, à Saint-Martin-le-Bouillant, le 11 brumaire an X, Félicité de Cassel, dont la fille, Emilie-Ursule de la Broise, née à Saint-Martin le 15 avril 1803, décédée le 26 décembre 1868 aux Boulais, a eu de son union avec Henry-Gabriel-Anne de Mary de Longueville, célébrée à St-Ursin le 3 mai 1831, sept enfants :

1° Césarine-Marie-Angéline de Mary de Longueville, née le 14 mai 1832 à Longueville, mariée à Saint-Ursin le 14 février 1854 à Henri-Pierre Le Forestier, comte de Mobecq, décédée à Ver le 23 juillet 1885, sans postérité.

2° Stéphanie-Marie-Henriette de M., née le 28 octobre 1833, mariée à Saint-Ursin, en 1860, à François-Marie-Maxime-Maurice de la Broise.

3° Antoine-Marie-Henri-Gustave de M., né le 12 février 1835, chanoine à Coutances.

4° Louise-Marie de M., née en 1836, mariée à Saint-

Ursin en 1855 à Hervé de Saussey, conseiller à la Cour d'appel de Caen, dont 4 enfants : César-René, décédé à Epron le 1<sup>er</sup> février 1890 ; Albert, marié à Gonfaron (Var), en 1888, avec Rose Moure ; Gabrielle-Louise-Marie, décédée à Epron le 18 juin 1888, et Marie, née en octobre 1871, épouse d'Adolphe de la Broise.

5° Pauline de M., née en 1838, décédée en 1841.

6° Albéric-Marie-César de M., né à Longueville le 18 février 1841, zouave pontifical, capitaine des Gardes mobiles de la Haye-Pesnel en 1870, marié à Caen, le 4 juin 1867, à Mathilde-Emilie-Marie de Croisilles (voir ci-après titre VIII).

7° Pauline-Marie-Josèphe de M., née à Saint-Ursin le 2 juin 1844, mariée à Camille-Louis-Stanislas-Emile de la Broise.

## VIII

Les époux de Mary de Longueville de Croisilles (voir ci-dessus titre VII) eurent cinq enfants :

1° Marie-Henriette-Emilie de M., née à Saint-Ursin, le 18 juin 1868.

2° Blanche-Henriette-Marie-Elisabeth de M., née le 6 octobre 1869, religieuse.

3° Pierre-Albéric-Marie de M., né le 24 décembre 1870, marié le 21 août 1899 à Verquin (Pas-de-Calais) à Henriette d'Herbomez, dont cinq enfants : Albéric-Henri-Marie-Joseph, né à Longueville le 29 avril 1900 ; Antoine-Louis-Marie-Joseph, né le 16 mai 1901 ; Henri-Marie-Joseph-Alexandre, né le 29 mars 1904 ; Bernard-Jean-Marie-Joseph, né le 20 mars 1907 ; et Bernadette-Armande-Marie-Josèphe, née le 3 décembre 1908.

4° Henriette-Laure-Marie-Antoinette de M., née à Saint-Ursin le 15 mai 1872, mariée à Avranches le 25 octobre 1900, à Jules-Gaston-Stanislas Billot de Goldlin, receveur de l'Enregistrement, dont quatre enfants : Louise-Marie-Antoinette-Mathilde, née à Sourdeval le 18 juillet 1901 ; Jeanne-Marguerite-Léopoldine, née à Sourdeval le 24 septembre 1902 ; Emilie-Anne-Edmée-Léopoldine-Juliana, née à Audruicq (Pas-de-Calais) le 29 juin 1904 ; Henri-Pierre-Albéric-Alexandre-Dieudoné d'Arc, né à Audruicq le 16 juillet 1906.

5° Henri-Marie-Emile de M., né le 4 décembre 1874, décédé à Avranches le 2 janvier 1899.

6° Bernard de Mary de Longueville.

7° Gabrielle de Mary de Longueville, née à Saint-Ursin le 15 juillet 1878.

## N

### CONFIRMATION A NOTRE-DAME DE MAYENNE, LE 14 JUIN 1714 [1]

On lit sur un registre de la paroisse de Moulay :

« Le jeudi quatorzième jour de juin mil sept cent quatorze, Monseigneur l'Evêque du Mans, étant à Mayenne dans le cours de sa visite, son mandement adressé audit sieur curé de Moulay pour y conduire ses habitants pour y recevoir le Sacrement de Confirmation, il les y conduisit le même jour que ci-dessus. Processionnellement nous entrâmes, croix levée, dans l'église de Saint-Martin, où l'on chanta le répons en l'honneur de Saint-Martin ; de là, on alla dans l'église du Saint-Esprit, où l'on chanta le répons « Spiritus Sanctus » ; et après le sieur curé célébra la Sainte Messe dans ladite chapelle ; puis après le peuple se trouva à l'église de Notre-Dame de Mayenne, où se fit la confirmation. Voici les noms

(1) V. tome I, p. 120.

des enfants sous bas-âge, qui peut-être auraient peine à s'en ressouvenir : Joséphine Foucher, 7 ans ; Marie Barbeu, 8 ans ; Julien Trouillet, 7 ans ; Philippe Pellé, 7 ans ; Julien Moisson, 8 ans ; Jeanne Moisson, 7 ans ; Jean Bouvet, 6 ans ; François Gautier, 7 ans.

« Il y eut près de deux cents personnes qui furent confirmées ; je n'ai pas jugé devoir inscrire ici le nom et surnom des grandes personnes, attendu qu'elles s'en souviendront.

« Monseigneur l'Evêque s'appelait messire Pierre de Crevi, le curé de Moulay, Jean Foucaut [1].

O [2]

### Dissensions dans le clergé

#### I

*Règlement de l'Evêque du Mans, du 20 octobre 1686*

Dans une visite à la Trinité de Laval, le 20 octobre 1686, l'Evêque du Mans fit un règlement important pour le clergé de cette paroisse, qui comptait vingt-cinq prêtres habitués. En fait, ce règlement fut applicable à toutes les églises du diocèse. Nous en extrayons ces passages :

« Défendons, disait l'évêque, à tous les prêtres habitués de s'arroger de faire aucunes fonctions rectoriales sans la permission expresse de leurs curés, d'administrer les sacrements du Saint Viatique, ou de l'Extrême-Onction, de donner la bénédiction aux femmes après leurs couches, de recevoir les promesses des futurs mariages, de

(1) Ce document nous a été communiqué par M. le docteur Martial Morisset. Nous lui réitérons nos remerciements.
(2) V. tome I, page 149.

faire la bénédiction du pain sous prétexte de confrairie ou autrement, d'entendre les confessions sans surplis, de s'ingérer de faire sonner les cloches pour faire l'office et de le commencer, — à peine aux contrevenants de chacun desdits articles de suspense de la fonction de leurs ordres sacrés pour un mois, encourue du seul fait, si ce n'est au cas de nécessité reconnue d'administrer les sacrements du Saint Viatique ou de l'Extrême-Onction, dont ils seront obligés d'avertir lesdits curés incontinant après.

« Ordonnons aux chantres et autres officiers du chœur d'obéir et reconnaître pour supérieurs leurs curés et, en leur absence, les vicaires par eux préposés et approuvés de nous ou de nos grands vicaires, et qu'après trois remontrances en forme de monitions faites par lesdits curés ou l'un d'eux, faute qu'ils feront d'y obéir dans la quinzaine, demeureront déposés de leurs charges, sans qu'il soit besoin d'autres ordonnances ni réquisitions que desdites monitions en formes dûment notifiées, et où lesdits Officiers prétendraient, par quelque autorité que ce soit, faire les fonctions de leurs charges, le susdit temps passé, demeureront, après la première fonction, suspens du seul fait de l'exercice de leurs ordres sacrés jusqu'à ce que par nous en ait autrement été ordonné ; et entendons seulement comprendre entre les dits officiers, les chantres, les diacres et sous-diacres d'offices.

« Ordonnons qu'à l'avenir il sera fait un rôle par les dits curés de ceux de leurs prêtres qu'ils choisiront pour les accompagner à la levée et sépulture des corps des pauvres qui n'ont aucun bien pour les faire ensépulturer ; et ceux, qui seront ainsi choisis par lesdits curés pour les accompagner auxdites sépultures des pauvres, seront préférablement employés aux convois et sépultures de ceux qui n'auront pas des biens suffisamment pour y appeler tout le clergé de la paroisse, et seront aussi préférablement choisis, tant au service du casuel que des fondations, et préférés à tous les autres à l'exception néanmoins des services dont les fondations portent que tous les prêtres de la paroisse y assisteront, sans qu'aucun des prêtres originaires ou autrement puisse prétendre droit d'habituation et participer à aucuns honoraires de l'Eglise que ceux qui auront été choisis par lesdits curés; et déclarons que les originaires de ladite paroisse et autres, de notre diocèse, n'ont autres droits dans les églises de leur naissance que d'y aller en habits d'église et y célébrer la messe conformément aux ordonnances synodales, et toujours néanmoins sous la direction desdits curés, lesquels nous exhortons de donner la préférence auxdits originaires dans les fonctions de leurs ministères autant que leur mérite et leur bonne conduite les en rendront dignes ; — qu'il sera libre auxdits habitants de la paroisse de demander auxdits curés tel nombre de leurs prêtres qu'ils voudront pour assister aux sépultures de leurs parents, pourvu que ce soit un nombre suffisant pour faire l'office ; — que les vicaires et autres officiers seront toujours choisis du nombre ci-dessus ; — que les vicaires nommés par nous ou nos vicaires généraux précéderont toujours tous les autres officiers et habitués et auront le double dans toutes les distributions tant du casuel que des fondations qui n'en auront pas autrement ordonné; — qu'il sera choisi par lesdits curés un receveur dont ils demeureront responsables, tant des honoraires que du casuel, que des fondations, lequel en rendra compte de trois mois en trois mois auxdits curés, en présence de tous les habitués auxquels la distribution sera faite à l'instant, chacun de ce qui lui appartiendra, conformément au point qui aura été fait par ledit receveur ; — que les distributions des absents seront partagées entre les présens et les excuses jugées par lesdits curés.

« Défendons aux prêtres de faire des assemblées, de se promener et s'entretenir dans la sacristie, de peur de distraire ceux qui se disposent à la célébration de la Sainte Messe et de l'Office divin.

« Et sera notre présente ordonnance exécutée dans toute son étendue, nonobstant oppositions ou appellations quelconques et sans préjudice d'icelle comme s'agissant de police ecclésiastique sur les peines canoniques.

## II

*Ordonnance de l'Evêque du Mans, du 6 septembre 1672*

« Faisant notre visite en l'église paroissiale de Notre-Dame de Mayenne, disait l'évêque, et ayant été informé de plusieurs dérèglements, qui se commettent parmi les ecclésiastiques, prêtres et autres habitués, en ladite église paroissiale, et pour y remédier :

« Avons défendu et défendons à tous les prêtres et autres promus aux saints ordres d'aller à la chasse avec armes ni autrement, à peine de suspension de leur ordre pour un mois *ipso facto*,

« Avons aussi enjoint aux prêtres et autres ecclésiastiques, demeurant en ladite paroisse, d'assister aux fêtes et dimanches à l'office public et y officier, selon la direction du sieur curé, à peine la première fois qu'il y manqueront d'être déclarés contrevenants à notre présente ordonnance, et la seconde fois de suspension de leur ordre pour huit jours, si leurs excuses ne sont jugées raisonnables par ledit sieur curé,

« Disons que les cérémonies seront observées exactement par tous les prêtres de ladite église suivant le cérémonial, à peine par les opposants, dûment avertis par trois diverses fois, de suspension de leur ordre pour huit jours.

« Ordonnons pareillement que tous les prêtres de la dite église célébreront dorénavant les messes basses aux fêtes et dimanches, selon l'ordre du temps pour les célébrations qui sera établi par ledit sieur curé, qui, à cet effet, fera apposer, dans la sacristie de ladite église, un tableau où le nom des prêtres qui doivent célébrer sera écrit avec l'heure qui leur sera assignée ; et en cas de contravention, Voulons que ledit sieur curé nous en donne avis pour y remédier comme nous aviserons être à faire.

« Faisons pareillement très expresse inhibition et défense à tous prêtres qui célèbrent dans ladite église, chapelles d'icelle, prestimonies ou fondations, les messes fondées en icelles, de ne plus les célébrer qu'ils n'aient donné copies et communiqué les titres des fondations, chapellenies et prestimonies audit sieur curé, pour être remises, les copies d'icelles, dans notre secrétariat un mois après la notification de notre présente ordonnance; et en cas de refus par lesdits prêtres, Nous les suspendons des fonctions de leur ordre *ipso facto*.

« Enjoignons, en outre, auxdits ecclésiastiques et prêtres de ladite paroisse de se trouver tous les quinze jours au logis dudit sieur curé, aux jour et heure par lui marqués, pour y conférer des matières que nous aurons données et autres difficultés qui se pourront trouver parmi lesdits ecclésiastiques, à peine, après trois manquements sans excuse légitime, de suspension de leur ordre pour huit jours.

### III

*Supplique adressée, en 1690, à l'Evêque du Mans, par des prêtres habitués de Notre-Dame de Mayenne*

« A Monseigneur l'illustrissime Evêque du Mans ou M. son vicaire.

« Supplient humblement, tous les soussignés, prêtres originaires de la ville de Mayenne et habitués dans l'église de Notre-Dame de Mayenne, et vous remontrent que Monsieur l'abbé Saint-Germain, leur vénérable archidiacre, ayant reconnu, dans le cours de ses visites, tant de la part du clergé que de quelques particuliers habitants de ladite ville de Mayenne, le grand scandale provenu de la mauvaise conduite de M. le curé et du dérèglement de l'église depuis que la plupart des ecclésiastiques refusaient d'assister aux fondations et autres services, où ils auraient dû avoir leurs honoraires, et qu'il n'y avait que certains prêtres, appelés officiers, au nombre de dix ou douze au plus, qui y participaient quoique très souvent ils fussent occupés, les uns aux malades et les autres au confessionnal, et qu'ainsi le divin service était mal fait et au scandale des habitants ;

« A quoi le sieur vénérable archidiacre, voulant remédier et n'ayant trouvé aucun fondement pour tolérer et continuer le nombre de douze, ordonna que tous les originaires participeraient aux fondations et, dans le règlement qu'il fit le vingt-troisième du mois de juin dernier, en sa visite à Mayenne, du consentement des dits sieurs curé et prêtres, expliquant la sentence de Tours du 23 juillet 1671 confirmée par arrêt, ordonna que le sieur curé aurait le quart sur chaque somme pour son droit curial et comme de préciput, savoir de douze livres trois, quoiqu'il soit dit dans ladite sentence de Tours que le sieur curé aura quatre portions sur le total divisé en portions égales, ce que tous les suppliants et généralement tous les ecclésiastiques soutiennent et ont toujours soutenu devoir être entendu, savoir que le sieur curé aura quatre portions, c'est-à-dire comme quatre prêtres ; et, lorsque les ecclésiastiques ont insisté sur cette difficulté et même prié plusieurs fois ledit vénérable archidiacre de mettre dans son règlement les mêmes termes de la sentence et que nous aurions recours à vous pour en avoir l'explication, il leur fit signer et arrêter son dit règlement, disant qu'on lui en écrivit et qu'il donnerait satisfaction ;

« Mais ayant eu, Monseigneur, jusqu'à présent quantité de preuves de votre bonté et protection, et sachant aussi qu'il n'y a que vous qui sachiez bien expliquer les termes de la susdite sentence que vous avez fait rendre à Tours, nous vous supplions d'en ordonner ce qu'il vous plaira ;

« Et d'autant que le sieur curé a reçu et fait faire une fondation, depuis quatre mois, sans en donner connaissance à aucun ecclésiastique, moyennant la somme de 100 livres qu'il a reçue en particulier de la fondatrice, à la charge qu'il dira et fera dire une grande oraison le premier dimanche de chaque mois et qu'il y exposera le Saint-Sacrement, ce qu'il a déjà fait par trois différentes fois, deux avec le ciboire et la dernière dans le soleil ou custode, ce qu'il n'a pu faire sans votre permission.

« Et attendu que mademoiselle de la Ménardière, fondatrice, ne laisse que 12 livres, par chaque an, pour les droits des sieurs curé et prêtres, savoir, 20 sous par oraison, cela sera dans la suite scandaleux et très préjudiciable à l'église de Mayenne où les grandes oraisons sont fondées à 7, 6, 4 livres et du moins à 3 livres, il vous plaise casser et annuler cette susdite fondation et faire défense audit sieur curé d'en accepter et recevoir aucune dans la suite, sans en donner avis à notre receveur et procureur ou bien à deux ou trois prêtres à ce députés, tel qu'il vous plaira ordonner.

« De plus, quoique ledit sieur curé soit obligé par notre dit règlement de mettre et faire attacher dans la sacristie un tableau, dans un mois, des legs et fondations de l'église de Mayenne, afin de donner connaissance à notre receveur et autres ecclésiastiques du fonds et revenu d'icelle, des dates des actes et noms des notaires et procureurs d'icelles, il n'a exécuté ledit article, non plus que le suivant, savoir que le susdit curé s'était obligé de rendre et faire rendre compte du passé et ne plus recevoir dans la suite. Il continue encore à recevoir le plus qu'il peut et dit qu'il ne videra ses mains des deniers qu'il a reçus, nonobstant que M. l'Archidiacre leur ait établi un receveur, et, partant, il appert, par les articles ci-dessus, qu'il a dérogé audit règlement.

« D'abondant ledit sieur curé a, depuis deux mois, de son autorité, établi dans l'église de Notre-Dame, son cousin, M. Lespinay, pour troisième vicaire, lequel est natif de la paroisse Saint-Jean du Mans et prêtre depuis six à sept ans environ et tient le rang de vicaire et en reçoit les honoraires et distributions, quoiqu'il soit dit, par arrêt et par notre règlement, aux premier et sixième articles, qu'il n'y aura en ladite église que deux vicaires et dont les sieurs Terrard et Jamelin occupent très justement et honorablement les places ; et même, quoique Monseigneur du Mans, au huitième article de ses ordonnances touchant l'administration des sacrements, défende d'habituer et recevoir aucun prêtre pour vicaire dans une paroisse, sans son approbation ; toutefois, nous croyons que ledit sieur Lespinay n'en a point obtenu à cet effet.

« Enfin ledit sieur Lespinay parle mal et avec bien du mépris des prêtres, puisqu'au sujet de quelques confrères qui, depuis peu, allèrent au Mans vous supplier de les relever des censures, il dit, en présence de plusieurs et principaux habitants de cette ville et faubourg, que ces misérables... ces diables étaient allés courir au Mans, dont on a donné connaissance à M. Saint-Germain et dont, aussi bien que tous les autres susdits faits et articles, les suppliants espèrent satisfaction et bonne justice de votre autorité, promettant continuer, avec d'autant plus de zèle et de ferveur, à prier Dieu pour votre prospérité et santé.

« Et sont signés : M. Choquet, M. Letard, R. Guiller, F. Cousin, P. Fourmi, L. Housé, J. Challot, F. Bonhomme, P. Fourreau, F. Lemoine, François Gaudin, L. Angot, R. Lalande, Berthelot, Boutier ».

Cette supplique était suivie de la mention ci-après :

« Soit communiqué au sieur curé de Mayenne, pour être statué ensuite sur tous les faits de la présente requête, par l'autorité de Monseigneur l'évêque, sans frais, ni procédure ».

« Donné, au Mans, par nous, vicaire général, le 18 août 1690.

*Signé :* J. du Boismotté.

IV

*Ordonnance de l'Evêque du Mans, du 10 mai 1707*

« Louis de Lavergne-Montenard de Tressan, par la grâce de Dieu et ordination apostolique, évêque du Mans, conseiller du roi en ses conseils d'Etat et privé,

« A tous présents et à venir, savoir faisons que, pour

terminer les contestations qui étaient entre les sieurs curé et prêtres de l'église de Notre-Dame de Mayenne, Nous avons rendu deux ordonnances, l'une le 4 juin et l'autre du 22 juillet de l'année dernière, dont quelques articles ne sont pas exécutés, et au sujet desquels articles on nous a demandé des explications par un mémoire qui nous a été présenté, par lequel on nous requiert de statuer sur différents chefs, pour rétablir le bon ordre dans cette église.

« Sur quoi, Nous avons statué que nos premières ordonnances seront exécutées selon leur forme et teneur et selon les explications suivantes :

« Le sieur curé ne pourra habituer aucun prêtre étranger, sans permission de nous, conformément à nos ordonnances synodales, mais pourra habituer les originaires.

« Des prêtres qui sont habitués dans son église, il pourra choisir deux vicaires, qui auront les premières places à l'église après lui et auront double rétribution.

« Les diacres et sous-diacres, chapiers et sacristes auront double rétribution et seront nommés par le sieur curé, selon l'usage de ladite église, savoir : l'un des sacristes par le sieur curé et l'autre par les habitants.

« Le sieur curé nommera un pointeur pour marquer les absents, tant de l'office divin que des fêtes et dimanches et autres fondations ; et le point sera arrêté par le sieur curé tous les samedis, après vêpres, où chaque prêtre pourra être présent pour s'excuser s'il y a lieu de ses absences, qui seront jugées par le sieur curé.

« Le receveur des fondations et autres casuels de l'église sera nommé par les sieurs curé et prêtres, lequel aura soin de faire payer ce qui est dû pour les fondations ordinaires, pour en faire la distribution à la fin de chaque mois, dans la sacristie, en présence du curé ou du premier vicaire.

« Les sieurs curé et procureur dresseront un état de toutes les fondations, qui se doivent acquitter dans ladite église, et des jours et heures auxquels elles doivent être acquittées, dont sera affiché à la sacristie un tableau ; et sera mis aussi dans la sacristie un registre pour l'acquit qu'on en aura fait.

« La distribution des services et enterrements se fera, suivant les différentes classes, aux prêtres qui y auront assisté.

« La distribution des honoraires des fondations et confréries se fera comme il est porté ci dessus ; le sieur curé aura quatre parts, les officiers deux et les habitués une part.

« Le sieur curé et les vicaires, pendant qu'ils seront en ville, seront censés présents, étant présumés occupés pour le service de l'église.

« Le sieur curé et les vicaires célébreront les messes d'enterrement par préférence aux autres prêtres ; et les messes des autres services seront acquittées par les officiers et prêtres, selon l'ordre établi.

« Les titulaires des chapelles ou prestimonies seront avertis de déclarer le nombre de messes qu'ils doivent acquitter, dont sera fait un tableau qui sera affiché dans la sacristie ; et seront, lesdits titulaires ou prêtres de la paroisse par eux commis, obligés de marquer sur un registre les messes qu'ils auront acquittées, et, à faute qu'ils feront d'y satisfaire, ils y seront contraints par la saisie du temporel de leurs bénéfices ou prestimonies.

« Tous les prêtres, qui voudront célébrer la messe dans ladite église, seront obligés de prendre leurs ornements dans la sacristie et de dire la messe les uns après les autres, suivant l'ordre du tableau qui sera affiché dans la sacristie, chaque semaine, par le sieur curé, le tout sous peine de privation de rétribution, pour un mois pour la première fois qu'ils y auront manqué, pour trois mois pour la seconde et de suspense pour la troisième.

« Tous les prêtres assisteront, les jours de fêtes et dimanches, à l'office divin, sous peine d'être privés des distributions de la semaine, et feront les fonctions qui leur seront prescrites par le sieur curé et ne célébreront point leur messe, les fêtes et dimanches, dans les chapelles, derrière le grand autel, ainsi qu'il a été défendu ci-devant.

« Les prêtres habitués assisteront, chacun à leur tour, à la sépulture des pauvres, en étant avertis par les sieurs curé ou vicaire.

« Les prêtres, étant occupés au confessionnal les jours de fêtes solennelles, Nous ordonnons que les matines seront chantées le jour d'auparavant, afin que tous les prêtres puissent les chanter avec la solennité requise.

« Tous les prêtres assisteront à l'acquit des fondations, quoiqu'il y ait peu de rétribution, sauf aux sieurs curé et prêtres de se pourvoir pour la réduction desdites fondations.

« Les ecclésiastiques étant obligés de contribuer au salut du prochain autant qu'ils le peuvent, Nous enjoignons à tous les prêtres habitués et approuvés d'administrer les sacrements et faire la visite des malades lorsque les sieurs curé et vicaires seront trop occupés ailleurs et qu'ils en seront requis.

« Pour éviter l'abus qui se commet de plusieurs prêtres, qui se chargent de messes de dévotion plus qu'ils n'en peuvent acquitter et qui ne satisfont pas à leur obligation ou par la négligence ou par oubliance, Nous ordonnons que tous les prêtres, qui célébreront des messes de dévotion, marqueront sur un registre le jour qu'ils les auront acquittées et à quelle intention.

« Les sacristes se chargeront par inventaire des ornements, vases sacrés et linges de la paroisse ; ils les tiendront propres et les fourniront suivant la couleur du jour et les feront réparer aux frais de la Fabrique ; et le sieur curé veillera à faire employer ce qui sera dû par les procureurs de la Fabrique à l'achat des ornements les plus nécessaires.

« Le sieur curé veillera à faire faire le devoir aux sonneurs et souffleurs d'orgue qui, en cas de désobéissance, seront privés de leurs gages ; et s'ils persévèrent seront destitués par le sieur curé.

« Le Principal du Collège sera censé présent à toutes les rétributions des services et fondations tous les jours de classe et ne sera sujet au point que les jours de fêtes et de dimanches.

« Si le sieur curé apprenait que le Principal du collège fût de mauvaise doctrine ou de mauvaises mœurs ou négligeât l'instruction des écoliers, il nous en donnera avis, pour y être par nous pourvu et donné les ordres nécessaires.

« Le Principal et les régents ne pourront chanter de messes, ni faire de services, sans la participation du sieur curé, dans la chapelle Saint-Antoine.

« Donné au Mans, dans notre palais épiscopal, le dixième jour de mai mil sept cent sept.

Signé : Louis, évêque du Mans.

P <sup>(1)</sup>

### Les Chapellenies de Mayenne

Les notes ci-après complètent l'étude que nous avons faite des chapellenies de Mayenne avant la Révolution. Nous les devons à M. l'abbé Angot.

(1) V. tome I, page 239. et les *Chapellenies de Mayenne avant la Révolution.*

I

## LA CHEVARDIÈRE

### 2. — *Décret de l'évêque du Mans*

Universis..., Martinus..., cenom. episc...

Discretus vir Johanus Duchemin exponit quòd defunctus Michael Helier, burgensis et parochianus B. M. de Meduanâ, per suum testamentum, unam capellaniam de duabus missis, die lunæ et die veneris, ad altare S. Jacobi, in capellâ S. Johannis Baptistæ in ecclesiâ parochiali B. M. de Meduanâ...

« Legam (disait-il);

Quamdam parvam decimam in parochiâ de Aronio-Bruandi ; LX bocellos avenæ capiendos super decimis dictæ parochiæ ; unam cum nono bocello segilinis et nonâ arcâ palearum segilinis et avenæ, solutis tamen pro his abbati et conventui de Savigniaco XXX$^s$. Estimatur hac parva decima VI$^{tt}$ ;

*Item*. — XL$^s$ et IV anseres super locum de Jonchelors, in parochiis S. Martini de Meduanâ et S. Frambaldi de Precibus.

*Item*. — IV$^{tt}$, Super locum du Mesnil, in parochiâ de Montepinconis.

XX$^s$, Super locum de la Tricotière, in parochiâ S. Martini.

*Item*. — Duas dietas prati propè locum du Mesnil, in parochiâ de Montepinconis.

Provideatur eidem capellano de libro missali, calice, vestibus, ornamentis, urceolis.

Postmodum Marguareta, vidua Michaelis Baladé, soror Michaelis Helier, capellaniam augmentavit de unâ missâ in ecclesiâ sancti Martini de Aronio, vitâ durante, et post ipsam in ecclesiâ B. M. de Meduanâ tradidit : XI$^s$ super campum de la Haie-Trossart, in

parochiâ de Montepinconis, VIII$^s$ propè Commer ;
XL$^s$ super La Gouaudière, in parochiâ Martignayo ;
XXII$^s$ et unum charray de vinaige (charroi de vin) ex
Andegaviâ, quolibet anno, cum duobus bobus, unum
plesseur et unum semeur, ad causam dicti loci de la
Gouaudière.

Supplicantibus dicto Johanni Duchemin, capellano
hujus fundationis, et Guillelmo Helier, herede princi-
pali Michaelis, avi sui, ut assensum probaremus.

Commissarii abatiae sunt Joh. Robert et J. Jary,
clerici, curiæ nostræ notarii.

Approbavimus.

Presentatio pertinet ad domimum loci de la Eschi-
vardière.

Datum Cenom, XXVI Martii ante Paschà, 1456.

2. — *A ajouter à la liste des chapelains :*

1561. — François du Hervier ;
1562. — François Gaudry ;
1630. — Julien Berault ;
1631. — Etienne Duchemin ;
1665. — Thomas Micouin ;
1666. — Claude Fortin, chanoine de Saint-Germain-
l'Auxerrois ;
1675. — Hernier Fortin, professeur au Collège d'Har-
court ;
1724. — François David, vicaire à Neuilly-le-Vendin.

II

## La Goupillère

Ajouter à la liste des chapelains :
1626. — Martin Lebreton ;
1649. — René Desnos ;

1679. — Michel Lepannetier ;

1679. — Pierre Triguel.

Il existait une autre chapellenie, dite de la Goupillère, qui était desservie dans l'église de l'abbaye d'Evron ; un moine profès, Jean Chevallier, en fut titulaire en 1437.

### III

#### La Mesnardière

Philippe de Luxembourg, évêque du Mans, réduisit à trois les messes de cette chapellenie ; elles étaient célébrées les lundi, mercredi et vendredi.

Ajouter à la liste des chapelains :

1546. — Jean Lestoré, clerc du diocèse du Mans ;

1580. — Marin Lemaçon, qui prit possession le 25 septembre ;

1581. — Jean Gouault, entré en possession le 9 mars 1581 ;

1583. — Michel Iland ;

1587. — Michel Chauveau, dont l'acte de possession est du 13 novembre ;

1592. — Michel Hugain, prêtre ;

1592. — Robert Hervé, qui se mit en possession le 12 mai. Il était déjà titulaire de la chapellenie de la Masure ;

1607. — Pierre Guyot, docteur en théologie ;

1618. — Michel Houzé, prêtre ;

17... — René Touchard ;

1725. — Michel Daugeard.

### IV

#### Les Madrés

Ajouter à la liste des chapelains :

1565. — Michel Madré ;

1567. — Vincent Madré, fils de Macé Madré et de Blanche Fardeau ;

1615. — Etienne Gaullier, prêtre, qui prit possession le 22 août ;

1652. — Gervais Mouchet, prêtre ;

1726. — François Bardoul, prêtre ;

1764. — Julien-César de Hercé, clerc tonsuré, étudiant à l'Université d'Angers.


## V

### LA MASURE

Cette chapellenie était desservie à l'autel de la Trinité de l'église de Notre-Dame. Jean Trottier, le fondateur, avait choisi cette chapelle pour lieu de sa sépulture. Sa femme voulut être enterrée au cimetière Saint-Antoine « sous le noyer, près de Jacques Lemée, son père, et de Jacquette, sa mère ».

A ajouter aux noms des chapelains :

1515. — Jean Chardon ;

1585. — Jean Gouault ;

1586. — Robert Hervé, qui fut également titulaire de la chapellenie des Nezan ;

1586. — Jacques Labitte ;

1717. — Jean-Baptiste Guyard de la Fosse ;

1743. — François Deschamps, prêtre habitué à Mayenne. Il prit possession le 28 mars.


## VI

### LES NEZAN

Il y a lieu d'ajouter aux noms des titulaires de cette chapellenie :

1583. — Pierre Larechef, qui fit acte de possession le 19 mai ;

1596. — Marin Nezan ;

1597. — Robert Hervé, dont la prise de possession eut lieu le 11 octobre 1597 ;

1725. — Pierre Colin, vicaire à Mayenne, qui prit possession le 6 novembre, en présence de François-Jean Chabrun, principal du Collège, Jean-Baptiste Guyard, prêtre, et Michel Delacour, apothicaire.

1764. — Jean-Louis Plessis, prêtre, entré en possession le 17 février, en présence de René Hay, prêtre, principal du Collège.

## VII

### Les Faucheux

A ajouter à la liste des chapelains :

1518. — Jacques Vannier ;

1580. — Théodore Legendre ;

1588. — Vincent Madré, qui fut curé de Grazay ;

1619. — Claude Frican (et non Frixon), prêtre ;

1668. — François Levannier, prêtre.

## VIII

### La Nouette

Aux noms des titulaires, ajoutons :

1663. — François Laigneau ;

1664. — Jean Leconte, diacre, présenté le 10 octobre 1684 par Lefaucheux, procureur de la fabrique. Il prit possession de 12 août de l'année suivante ;

1776. — Julien Jardin, régent du Collège, troisième sacristain de Notre-Dame. Sa prise de possession eut

lieu le 13 août en présence de Jacques Goutard, princi-
pal du Collège, de René Guitton, prêtre et de Mathurin-
René Barbeu, avocat, procureur fiscal de l'abbaye de
Fontaine-Daniel.

## IX

### Les Contens

A ajouter aux titulaires :
1610. — Robert Girard, prêtre, principal du Collège.

## Q

### Fondation du service des serruriers [1]

Du septième jour de febvrier mil sept cent deux,
après midy,

Par devant nous, René Lambert, notaire en la cour du
duché pairie de Mayenne, à la résidence de la dite ville,
y demeurant,

Furent présents, en leurs personnes et submis :

Aubin Patry ;

François Vejas (Vegeais) de la Moricière ;

René Lecousturier ;

René Lefebvre ;

René Loré ;

Jacques Chantereau ;

Jacques Brehard ;

Joseph Lecousturier ;

Et Jean Dumaine ;

— maîtres serruriers, demeurant audit Mayenne et
faubourg Saint-Martin ;

(1) V. tome I, page 240.

Lesquels ont fondé et fondent, par ces présentes, un service consistant en une grande messe solennelle, qui sera dite et célébrée le jour Saint-Pierre, à l'issue de la messe parochialle, dans l'église Nostre-Dame de Mayenne, d'an en an, ledict jour, à la charge de faire sonner à midy et au soir de la veille, et le jour aussi, à midy, avec carillon, et que l'organiste jouera les orgues lors de la célébration de ladite grande messe — et ce, pour la somme de cent cinq sols pour le tout, pour l'honoraire du prebtre qui célèbrera que autres officiers, organiste et sonneurs et luminaire au maistre authel, — que les susdicts establys s'obligent de payer solidairement un chacun d'eux, un seul et pour le tout, et sans division, audict sieur curé, à commenser ledict service et fondation annuelle et perpétuelle à la Saint-Pierre prochaine, auquel jour lesdicts cent cinq sols seront payés audit sieur curé, par les mains de celuy qui fera oblation à l'église.

Et sera choisy l'un d'entr'eux pour donner le pain benist audict jour, lequel pain bénist sera fourny aux despens seul de celuy qui sera choisy par les susdicts de leurs corps de mestier, et après par les anciens, de rang en rang. Et ce qui sera ramassé des aprentifs par celuy qui aura le pain benist, il en fera un mémoire et estat, pour le revenant bon estre employé en messes basses pour le repos des âmes des deffuntz de leur corps, où les susdicts assisteront, si bon leur semble ; pour quoi celui qui aura le pain benist les avertira. Et est convenu qu'après le déceds des susdicts establys, s'il arrive qu'il n'ayent point d'enfant de leur vocation, ils ne seront point tenus de l'exécution des présentes ; que s'il arrive un aprentif audict métier, les susdicts ne pourront point le recevoir en leur maison, sans les avertir les uns les autres, et que lesdicts aprentifs metteront dans la bourse commune chacun soixante sols, pour estre employés à l'exécution de la présente fondation, qui a été acceptée par M. Jean Durand, prebtre, doyen et curé de Mayenne, à ce présent et acceptant.

Et les dessusdicts promettent d'assister, tous les ans, avec un cierge à la main, à la procession de la Feste-Dieu et octave, si faire ce peut et qu'il n'y ait point de cause légitime à les en empescher, sinon metteront un homme pour eux.

Dont les en avons jugés de leur requeste et de leur consentement.

Fait et passé audict Mayenne.

Présens : Pierre Cosru La Croix et Pierre Boussery, praticien, tesmoings, demeurant audict Mayenne, à ce requis et appellés.

Les susdicts ne signent enquis, fors les soubsignés.

Signés : Jean Dumaine, Chantereau, René Lefebvre, F. Vejas, R. Lecousturier, Brehard, Aubin Patry, Lecousturier, Durand, Boussery, Cosru et nous, notaire, en la minute des présentes.

Controllé à Mayenne, le septième desdicts mois et an susdicts. *Signé :* De la Lande.

Pour copie. *Signé :* Lambert.


## R


### Confrérie du Saint-Sacrement [1]


I. — *Bulle du pape Paul III instituant la Confrérie du Saint-Sacrement (30 novembre 1530)*

De pieux chrétiens ont fondé, ordonné et institué une société ou confrérie de l'un et l'autre sexe, sous le titre

(1) Voir tome I, page 244.

de l' « Adoration du Sacré-Saint Corps de Notre-Seigneur », en l'église de Minerve (à Rome) : et pour l'acheminement d'un si saint sujet, ils ont soigneusement enrôlé chacun desdits confrères par tous les quartiers de ladite ville et établi procureurs qui prendraient garde que ce précieux sacrement fût réservé en un lieu vénérable, avec telle révérence qu'il appartient, les flambeaux et lampes y brûlant nuit et jour, sans intermission, tant en ladite église de Minerve qu'en autres paroisses de ladite ville. Et que si le revenu de ladite église n'était suffisant, lesdits confrères y pourvoiraient et fourniraient tout ce qui y serait nécessaire ; comme aussi pour acheter un voile en chacune desdites églises pour couvrir honorablement le saint ciboire dans lequel se porterait ledit très précieux Sacrement hors de l'église pour la nécessaire communion des malades, aussi que le curé de chacune desdites paroisses serait tenu faire sonner certains coups la cloche de ladite paroisse, quand ledit très redoutable Sacrement se porterait aux malades, afin d'avertir et rappeler les confrères de ladite paroisse d'assister en personne le Saint-Sacrement, si justement ils n'en étaient empêchés ; ou bien faire conduire et assister ledit précieux Sacrement, les flambeaux allumés, à la maison dudit malade, par l'un de leurs amis de remarque, avec la plus honorable assistance que faire se pourra ; aussi que toutes personnes de l'un et l'autre sexe, confrères de ladite confrérie s'assembleront tous les troisièmes dimanches de chaque mois de l'année, en ladite église de Minerve, pour y faire célébrer une messe solennelle, ayant, à l'élévation du très précieux Sacrement, chacun leur cierge allumé ; et faire une procession solennelle au dehors et à l'entour de ladite église de Minerve tous les ans une fois, savoir : le premier vendredi immédiatement suivant la Fête de Dieu, et en

icelle porter ledit très précieux sacrement et l'assister
en toute dévotion et révérence, le flambeau allumé. Et
si lors y avait quelqu'un desdits confrères malade, le
curé ou l'élu ou nommé de ladite église, dont serait
paroissien ledit malade, assisté d'un confrère de ladite
confrérie nommé par le curé ou l'élu, iront visiter
ledit malade, selon l'opportunité du temps, pour l'advi-
ser et induire en toute pitié à confesser ses péchés et
recevoir ledit précieux Sacrement ; et seraient tenus
chacun desdits confrères et sœurs, en mémoire d'icelui
redoutable Sacrement, dire chacune des semaines de
l'année cinq fois le *Pater* et cinq fois l'*Ave* ; et les sœurs
de ladite confrérie, à qui il ne serait pas bienséant
d'aller toujours par la ville pour assister ledit Saint-
Sacrement, quand elles ouiraient le son de la cloche,
diraient cinq fois à genoux fléchis le *Pater* et l'*Ave*, et
pour ce recevraient chacune les grâces et indulgences
données de Nous à ladite confrérie, à l'instance de leurs
prières, comme les instruments et enseignements dressés pour cet effet le portent plus à plein. Et ont lesdits
confrères choisi pour conservateur de ladite confrérie
notre cher fils, Alexandre de Sainte-Marie au grand
chemin, diacre-cardinal. Et de la part desdits confrères nous a été humblement fait requête que pour
plus grande durée à l'avenir de l'établissement de si
sainte société et entretien de si dévotes intentions, d'y
apporter de notre part notre confirmation et autorité
apostolique et en assurer lesdits confrères de notre
volonté.

Nous donc, pour la révérence et adoration que tous
chrétiens sont tenus de rendre à ce très excellent
sacrement, et afin que par icelui ils puissent avoir le
salut qu'ils espèrent, et qu'en cette espérance le même
sacrement soit par eux honoré, loué, magnifié et adoré,
ce que nous désirons de sainte affection, avec action de

grâce à Dieu tout-puissant d'avoir donné commencement à une œuvre si sainte, si nécessaire, si salutaire, si profitable au temps de notre pontificat, et pour y voir les fidèles en Jésus-Christ plus prompts et zélés à l'œuvre, et y persévérer en l'exercice, et afin qu'ils connaissent que plus nous nous montrons libéraux en leur endroit, leur élargissant grâces spéciales, plus aussi ils connaissent que, par ce don de plus grande grâce céleste, ils peuvent être soutenus et entretenus en plus ardente dévotion; y voulant pourvoir avec la volonté de Dieu, autant que notre pouvoir s'étend, et recevant leur requête, Nous approuvons et confirmons de notre autorité apostolique, par la teneur de ces présentes lettres, l'institution et fondation de la présente confrérie, avec toutes ses susdites règles, et toutes et chacunes ordonnances, statuts et constitutions ordonnés, conclus et arrêtés en conséquence, dépendance et confirmation de leurs susdites règles, ainsi qu'elles sont généralement et particulièrement couchées en leurs registres, instruments et enseignements dressés pour cet effet; même tout ce qui en serait ensuivi par bonne et certaine science et connaissance; et suppléons tous et chacuns les défauts intervenus en ce, tant en droit qu'en fait; s'il en est intervenu, nous les suppléons, effaçons et réparons et les remettons en leur première et naturelle force et durée; et décernons et ordonnons que les curés ou vicaires desdites paroisses et églises et ceux qu'il appartiendra de tenir la main forte à l'exécution entière de toutes lesdites règles. Et néanmoins, pour plus grande cautèle et assurance, Nous ratifions, confirmons et approuvons à toujours toutes lesdites règles et toutes autres arrêtées et conclues, établies et enregistrées de nouveau par lesdits confrères, avec même autorité, poids et valeur que les précédentes.

Et donnons, concédons et accordons à tous et chacun

desdits confrères de ladite confrérie, tous et chacun les privilèges, indultes, exemptions, libertés, immunités, indulgences même pleinières, par don et remission de leurs péchés et toutes autres grâces spirituelles et temporelles, données, accordées et concédées aux confrères de l'Image de notre Sauveur, au *Sancta Sanctorum* de la charité ; du grand hôpital Saint-Jacques en Auguste ; de saint Jean-Baptiste ; des saints Cosme et Damien, de Florence ; et de notre hôpital du Saint-Esprit, en Saxe, de l'ordre de saint Augustin ; et du Champ-Saint, toutes confréries de cette ville à présent ; comme aussi de sainte Marie, dite de Populo, de ladite ville ; et des fidèles chrétiens qui les visitent, tant par nos prédécesseurs papes de Rome ; que à donner, concéder et accorder à l'avenir par nos successeurs ; et desquelles les confrères desdites confréries usent, jouissent et perçoivent à présent et useront, jouiront et percevront, en quelque façon que ce soit, à l'avenir. Lesquelles dites grâces spirituelles et temporelles, privilèges, indultes, exemptions, etc... Nous donnons, concédons et accordons auxdits confrères du très précieux Sacrement, pour en jouir, user, percevoir librement et valablement en tant et partant dès à présent à l'avenir, comme si de point en point elles étaient insérées à ces présentes lettres, et comme si chacune d'icelles était spécialement et distinctement obtenue et impétrée de nous par lesdits confrères, tant à présent que si ils obtenaient et impétraient à l'avenir.

Et de même autorité, teneur et valeur, donnons, concédons et accordons les mêmes privilèges, indultes, exemptions, libertés, immunités, indulgences, même plénières, pardon et rémission de leurs péchés et toutes autres grâces aux confrères de ladite Confrérie du très saint corps de Notre Seigneur Jésus-Christ, et à leurs chapelains, ministres et personnes pour lors étant au service de ladite confrérie ; comme aussi à tous lesdits fidèles en Jésus-Christ qui entreront et se feront enregistrer en ladite Confrérie du très-sacré corps de Notre-Seigneur Jésus-Christ ; et au jour de leur entrée et inscription en ladite confrérie, rémission plénière de leurs péchés, telle et semblable que celle du Jubilé, ayant premièrement dûment confessé tous leurs péchés et reçu dévotement ledit très précieux Sacrement ; et pendant le cours de leur vie, trois fois pleinière remission de tous leurs péchés.

Et donnons, concédons et accordons auxdits confrères, autant de fois qu'ils assisteront, en œuvre de miséricorde, ledit précieux Sacrement étant porté aux malades confrères, ou bien, étant empêchés justement d'y assister, feront ce que ci-dessus est dit et assisteront aux processions et divin service qui sera fait célébrer à l'intention desdits confrères malades, autant de fois qu'ils y assisteront, — cent ans et à ceux qui les vendredis de chaque semaine visiteront en dévotion ladite église de Minerve, dix ans de pardon et quarante ans d'indulgence, remission et relâche de pénitence à eux enjointe par leurs confesseurs.

Et donnons, concédons et accordons aux sœurs de ladite confrérie, qui ne peuvent commodément et honnêtement se transporter par la ville pour l'exercice de ces œuvres pieuses, autant de fois qu'elles oïront sonner la cloche, diront, en toute dévotion, une fois le *Pater* et l'*Ave*, les genous fléchis, toutes semblables indulgences, concessions et grâces que leurs confrères y présents en personne.

Et donnons, concédons et accordons pleine permission et pouvoir à tous et chacun desdits confrères et sœurs de ladite confrérie de choisir et élire pour leur confesseur tout prêtre séculier ou régulier de quelqu'ordre que ce soit, même en l'article de la mort, encore qu'ils ne meurent de ladite maladie, qui, ayant ouï leurs confessions entières, pourront absoudre chacun d'iceux confrères et sœurs, trois fois en leur vie, de tous leurs péchés, crimes, excès et délits, tant griefs soient-ils, commis par chacun d'eux, même des crimes et cas réservés au Saint-Siège apostolique ou à leur évêque ordinaire et diocésain, hormis et excepté les crimes et cas compris en la Bulle qui se lit : *In cæna Domini*, et leur ordonner pénitences salutaires.

Aussi donnons, concédons et accordons et permettons toute puissance et autorité à tous officiers et confrères établis en charge pour le bien, avancement, entretien et pour y ordonner toutes choses licites et honnêtes, le tout pour le bon régime et état des choses spirituelles et temporelles de ladite confrérie et de toutes dépendances et appartenances d'icelles, de quelque façon que ce soit ; que quand il sera trouvé bon de changer, limiter, corriger, déclarer, modifier et mieux rétablir ce qui se trouvera bon de faire, — ce qu'étant par eux changé, limité, corrigé, déclaré, modifié, réformé et mieux établi, par ce même fait, sera confirmé et approuvé de notre Saint-Siège apostolique ; et afin qu'il soit ainsi tenu et réputé, Nous en donnons plein et libre pouvoir et puissance, par même autorité et teneur que dessus.

Et néanmoins, afin que la grande dévotion des fidèles chrétiens à la fréquentation de ce très salutaire sacrement aille toujours en croissant et que les mêmes fidèles chrétiens soient invités à l'adorer de plus en plus et multiplier telles et semblables œuvres charitables, Nous ordonnons, statuons et voulons en pareille autorité que dessus, décernant par la teneur de ces présentes lettres, que toutes et chacunes les confréries instituées ou à instituer de quelque part que ce soit, sous le titre de la révérence et adoration du très Sacré corps de Notre Seigneur Jésus-Christ, usent, jouissent et perçoivent, autant qu'ils pourront ou devront user, jouir et percevoir, les mêmes privilèges, concessions, indulgences, grâces et indultes donnés de nous, et dont use, jouit et perçoit ladite confrérie fondée et instituée en ladite église de Minerve ; voulant en outre les présentes lettres et les indulgences et pardons y contenus être du tout et en tout exemptes et non comprises à quelconques révocations, suspensions et modifications de semblables et non semblables indulgences, même de toutes lettres, tant de nous que de nos prédécesseurs et règles de chancellerie apostolique, données pour un temps, et de celles qui sont en faveur de la Fabrique de l'église du prince des apôtres de ladite ville et de la sainte croisade ; et en cette intention, sens et volonté, ordonnons ces dites patentes être reçues, connues et entendues de tous juges quelconques, soit en jugement ou autrement, à quelque contrariété qui y peut intervenir et être attentée d'ailleurs, soit par eux cassée et anéantie, et y apporter telle foi, vertu et autorité, soit en jugement, soit hors, que l'on aurait à ces dites présentes, si elles étaient en présence vues, lues et connues, même aux transcriptions et copies desdites présentes lettres, pourvu que la teneur soit authentique, reconnue et soussignée de la main d'un notaire public, avec le sceau d'une cour ecclésiastique ou personne publique en dignité ecclésiastique.

Pourquoi, Nous mandons par nos écrits apostoliques à tous nos vénérables frères patriarches, archevêques, évêques, à nos bien aimés fils abbés et autres personnes établies en dignité ecclésiastiques, aux métropolitains, aux chanoines des églises cathédrales, ou vicaires suf frageants desdits patriarches, archevêques et évêques, constitués au spirituel, et à leurs officiaux généraux, de quelque part que s'étende leur juridic ion, que quand l'un d'eux, ou deux ensemble, ou leurs commis auront vu

et reconnu ces présentes lettres et tout ce qui y est compris, et étant requis et priés de la part des confrères de
ladite confrérie, instituée en l'église de Minerve, du très
grand Sacrement du corps de Jésus-Christ, et quand ils
connaîtront être expédient, ils publient solennellement
les dites présentes lettres, avec toutes les défenses et cau-
tions et tout ce qui y est compris, et commandent être
observé et gardé ; et assurer lesdits confrères, de la
jouissance paisible de toutes les grâces y contenues, et
ne permettre être désormais aucunement inquiétés au
préjudice des pouvoirs y portés ; empêchant et punis-
sant tous rebelles et contredisants à icelles par censures
et peines ecclésiastiques, sans aucun appel, et cités
notoirement par affiche publique, ou on ne pourra leur
signifier en toute sûreté à leurs personnes, tous ceux
qui prétendront y avoir intérêt ou feront opposition et
empêchement à l'exécution pleine et entière des
dites présentes lettres ; leur faisant défense à tous
ceux et quand il appartiendra ; et en cas de rébellion
obstinée, les punir par lesdites peines et censures, les
aggravant à plusieurs et diverses fois ; y appelant pour
cet effet le bras séculier, si besoin est : nonobstant le
décret de notre prédécesseur d'heureuse mémoire, Boniface huitième, par lequel il est ordonné que personne
ne pourra être appelé en jugement hors sa ville ou diocèse, sinon en certains cas réservés et èsdits cas une
journée seulement hors son diocèse ; ni que les juges
députés puissent procéder, eux ou leurs lieutenants,
plus loin que deux journées de chemin, comme il a été
arrêté au concile général ; et ce, pourvu qu'en vertu
desdites présentes, personne ne soit appelé en jugement
plus loin que trois journées de chemin : auxquels susdits décrets de nos prédécesseurs nous contrevenons
et dérogeons spécialement et expressément pour cette
fois seulement, nonobstant toutes choses contraires à ce

et quelconques droits, édits, conclusions, ordonnances, privilèges, indultes apostoliques, provinciaux, synodaux, généraux ou spéciaux, donnés et accordés en faveur de quelques confréries et personnes que ce soit : et tous décrets donnés, approuvés, renouvelés, tous desquels Nous réputons être ici la teneur, comme si elles y étaient couchées de mot à mot, en leur forme et valeur, les y tenant pour suffisamment exprimées et en tous autres lieux en leur propre, pleine et naturelle valeur.

Comme aussi la vertu desdites présentes s'étendra sur ceux, soit conjointement, soit divisément, qui, ayant privilèges de n'être suspendus, interdits ou excommuniés, ou appelés devant les juges hors leurs diocèses, et leurs dits privilèges demeurent nuls, si par lettres apostoliques ne font mention pleine et expresse de mot à mot de leurs dits privilèges.

Donc que personne n'ose d'outrecuidée témérité contredire, outrepasser, ni rien attenter contre cette notre présente page et écrit de notre approbation, confirmation, supplément, addition, décret, statuts, ordonnance, concession, indulte, volonté, extension, communication, élargissement, mandement et dérogation y portés. Et quiconque se mettra en devoir et s'efforcera d'y contredire, contrevenir, outrepasser et attenter, il encourra l'indignation de Dieu tout puissant et des bienheureux saints Pierre et Paul, apôtres.

Donné à Rome à Saint-Pierre, l'an de grâce mil cinq cent trente-neuf, le dernier jour de novembre, l'an sixième de notre pontificat.

Et après que notre très saint Père le pape eut fait divulguer et publier de son propre mouvement sa constitution cy-dessous écrite, nous avons fait attacher aux présentes sa dite constitution et propre mouvement, dont la teneur suit :

II. — *Pardons et indulgences accordés par le pape Paul V
aux membres de la Confrérie du Saint-Sacrement de
Notre-Dame de Mayenne.*

Pardons et indulgences de plénière rémission, donnés et octroyés par notre saint Père le pape Paul V aux
confrères de la Confrérie du très Saint-Sacrement du
corps de Nostre-Seigneur Jésus-Christ, en l'église parochiale de Nostre-Dame de Mayenne, diocèse du Mans.

Paul, évêque, serviteur des serviteurs de Dieu. A tous
fidèles en Jésus-Christ qui ces présentes lettres verront,
salut et bénédiction apostolique. — Ayant en soigneuse
recommandation le salut du troupeau de Nostre-Seigneur
commis, par dispensation divine au-dessus de notre
mérite, sous notre charge, nous invitons et convions de
soigneuse affection par dons spirituels, savoir est :
indulgences et rémissions des péchés, tous et chacuns
les fidèles chrétiens desquels les mérites sont du tout
inégaux aux démérites, à l'exercice des œuvres pieuses
et méritoires, afin que par icelles leurs péchés étant
effacés, ils puissent plus facilement parvenir aux joies
de la béatitude éternelle. Etant donc ainsi comme il
nous a été fait entendre qu'au grand autel de l'église
parochiale Notre-Dame de Mayenne, diocèse du Mans,
soit canoniquement instituée et érigée une pieuse et
dévote confrérie des fidèles de l'un et l'autre sexe à
l'honneur de Dieu tout puissant et au salut des âmes,
sous l'invocation et en l'honneur du très Saint-Sacrement du corps de Nostre Seigneur Jésus-Christ, non
toutefois pour gens d'un même art ou d'un métier seulement, dont les confrères ont accoutumé faire et exercer plusieurs bonnes, pieuses et charitables œuvres,
Nous désirons que lesdits frères présents et futurs
soient entretenus en l'exercice desdites bonnes œuvres

et qu'ils y soient pour l'avenir avec plus d'affection conviés et invités et que ladite église soit tenue en dùe vénération. Nous confiant en la miséricorde de Dieu tout puissant et en l'autorité de ses bienheureux apôtres saint Pierre et saint Paul, à tous lesdits fidèles de l'un et l'autre sexe, vraiment pénitents et confessés, qui ci-après entreront en ladite confrérie et seront reçus en icelle, le jour de leur première entrée et réception, pourvu qu'ils aient reçu le très Saint-Sacrement de l'Eucharistie, donnons et octroyons plénière indulgence et rémission de tous leurs péchés.

*Item*. — A tous lesdits confrères présents et à venir vraiment pénitents et, si commodément faire se peut, confessés et repus de ladite sainte communion, qui, à l'article de la mort, invoqueront le nom de Jésus, de cœur, s'ils ne le peuvent de bouche, donnons et octroyons pareille indulgence de plénière rémission.

*Item*. — Auxdits confrères pareillement pénitents, confessés et repus de la sainte communion, qui, par chacun an, visiteront ladite église le dimanche d'entre les octaves de la fête d'icelui très saint corps de Nostre-Seigneur, dit la Fête-Dieu, depuis les premières vêpres jusqu'à soleil couché dudit jour, et là prieront Dieu pour l'extirpation des hérésies, le salut du pontife romain, l'exaltation de nostre mère la Sainte-Eglise et pour la conservation de la paix, concorde et union entre les princes chrétiens, toutefois et quantes qu'ils feront les prières susdites audit jour, avons pareillement octroyé, sous l'autorité apostolique, en la teneur des présentes, semblable plénière indulgence et rémission de tous leurs péchés.

*Item*. — Auxdits confrères aussi vraiment pénitents, confessés et repus de ladite sacrée communion, qui dévotement visiteront ladite église aux jours et fêtes de l'Assomption, Conception et Purification de la Bien-

heureuse Vierge Marie et aux jour et fête de Sainte-
Anne, pareillement depuis les premières vêpres jusqu'à soleil couché desdits jours et fêtes et y feront les
susdites prières ; avons pour chaque fois donné sept ans
et sept quarantaines de vrai pardon.

*Item.* — Auxdits confrères qui assisteront aux messes
et autres divins offices qui seront célébrés en ladite
église ou oratoire d'icelle confrérie, même aux congré-
gations et assemblées publiques ou secrètes pour l'exercice de quelque œuvre pieuse, — assisteront aux processions tant ordinaires qu'extraordinaires, du congé de
l'Ordinaire, ou officieusement se trouveront à la sépulture des morts, ou qui assisteront icelui Saint-Sacrement de l'autel, lorsqu'il sera porté à quelque malade,
ou, s'ils en sont empêchés, oyant le son de la cloche,
les deux genoux à terre, réciteront une fois l'oraison
dominicale et la salutation angélique pour le malade, —
logeront les pèlerins, mettront la concorde entre les
ennemis, apprendront les commandements de Dieu ou
autres doctrines salutaires aux pauvres ignorants, ou
réciteront cinq fois l'oraison dominicale et la salutation
angélique pour les âmes des confrères de ladite confrérie, décédés en l'amour de Dieu, — toutes fois et quantes
qu'ils feront aucune desdites bonnes œuvres et pour
chaque fois nous leur relâchons miséricordieusement,
en Notre-Seigneur et de l'autorité ci-dessus, soixante
jours des pénitences à eux enjointes ou autrement dues,
en quelque sorte et manière que ce soit.

Et ce pour toujours savoir.

Or voulons-nous que si ladite confrérie est ou fût ci-
après ou annexée à quelque archi-confrérie, ou unie à
l'avenir pour quelque raison que ce soit, voir même
pour en gagner les indulgences ou participer à icelles,
ou autrement instituée, — que les premières lettres et
toutes autres quelconques, hors les présentes, n'y aient

aucune force ni vigueur, qu'elles soient maintenant nulles, et que si auxdits confrères avait été par nous concédé ou donné quelqu'autre indulgence, pour toujours ou à quelque temps préfixé non encore expiré, que celles présentes soient de nulle valeur et sans effet.

Donné à Rome, à Sainte-Marie Majeure, l'an de l'incarnation de Notre-Seigneur 1618, aux ides de janvier et de notre pontificat l'an quatorzième.

*Signé :* I. O. B. Bolognetus, et sur le repli L. de Saucey.

S

## BREF [1]

Clemens papa XI,

Ad futuram rei memoriam omnium saluti paternâ charitate intenti, sacra interdum loca spiritualibus indulgentiarum muneribus decoramus, ut inde fidelium defunctorum animæ, domini nostri Jesu Christi ejusque sanctorum suffragio meritorum consequi, et illis adjutæ expurgatorii pœnis ad æternam salutem per Dei misericordiam perduci valeant ; volentes igitur ecclesiam parochialem beatæ Mariæ virginis de Meduanâ nuncupatam cœnomanensi diocese, et in eâ situm altare confraternitatis sub invocatione sancti Jacobi, simili ad præsens privilegio minimà decoratum, hoc speciali dono illustrare, de Omnipotentis Dei misericordiâ, ac Beatorum Petri et Pauli apostolorum ejus auctoritate confisi, ut quandòcumque sacerdos aliquis sæcularis vel regularis missam defunctorum in die commemorationis defunctorum, et singulis diebus intrà illius octavam, ac in unâ feriâ cujuslibet hebdo-

_____
[1] Voir tome I, page 248.

madæ per Ordinarium designandâ, pro animâ cujus-
cumque confratris et consororis dictæ confraternitatis,
quæ in Deo charitate conjuncta ab hâc luce migraverit,
ad prædictum altare celebrabit, anima ipsa de thesauro
Ecclesiæ per modum suffragii indulgentiam consequatur; ità ut ejusdem Domini Nostri Jesu-Christi ac Beatis-
simæ Virginis Mariæ sanctorumque omnium meritis
sibi suffragantibus a purgatorii pœnis liberetur, concedimus et indulgemus : in contrario facientibus nonobstantibus quibuscumque præsentibus ad septennium
tantùm valituris.

Datum Romæ, apud Sanctum Petrum, sub annulo
piscatoris, die XVIII februarii M.D.CC.XII, pontificatûs
nostri anno duodecimo.

Gratis pro Deo et cera.

Jacobus Augustus Levayer, presbyter, doctor Sorbonicus, decanus et canonicus insignis ecclesiæ cænoma-
mensis et Carolus Josephus Debonnaire, etiam presbyter, doctor Sorbonicus ac ejusdem ecclesiæ canonicus,
vicarii generales venerabilis Capituli, sede episcopale
vacante, viso brevi indulgentiarum retrò scripto, illud
laudamus et approbamus, laudavimns et approbavimus,
ejusque executionem permittimus et permisimus per
præsentes.

Datum Cœnomani, die vigesimâ sextâ aprilis, anno
Domini millesimo septengentesimo duodecimo.

Signé : J.-A. Levayer, — Debonnaire.

De mandato dictorum dominorum vicariorum gene-
ralium :

Signé : Morin.

T

MANDAT DONNÉ AU PÈRE LETESSIER [1]

Nos frater franciscus Masson, doctor theologus conventûs Sancti Dominici Levalensis, Ordinis fratrum predicatorum, dilecto patri fratri Dominico Le Tessier, ejusdem Ordinis, in Domino salutem.

Requisiti fuimus ut societatem sanctissimi rosarii in ecclesia Beatæ Virginis in urbe muratâ de Meduanâ erigere, fundare et instituere dignaremur ; — nos autem communibus supplicationibus libenter annuentes, tibi præfato patri fratri Dominico Letessier, devotinem illorum, nomine reverendissimi magistri nostri Ordinis et authoritate nobis in hâc parte ab illius reverendissimâ paternitate concessâ, committimus, ut in præfatam urbem te conferas et prædictam sodalitatem sacratissimi Rosarii a patribus nostri Ordinis adjumentum mediâ prædicatione instituas et erigas, pium orandi modum ejusdem societatis, vetara exercitia piïssima, seu regulas et statuta explices, ac persuadeas omnes utriusque sexûs personas eam ingredi devotè petentes recipias et in libro ad hoc deputato scribas, rosaria benedicas, misteria exponas, omnio denique hæc et singula facias, gratis et solo Dei amore, quæ per nostri ordinis fratres in nostris ecclesiis et ad id deputatas fieri solemnitates.

In quorum fidem his sigillum nostri conventûs Lavalensis apposuimus et manu propriâ subscripsimus.

Datum in nostro conventu Lavalensi, die 3 Junii anno 1622.

*Signé :* Fr. Franciscus Masson, humilis prior.

_______________

[1] Voir tome I, page 256.

# U

## Les Chouans [1]

La première prise d'armes des Chouans dans la Mayenne eut lieu le 15 août 1792, plus de sept mois avant celle des Vendéens. Ils furent donc dans l'Ouest les premiers qui tentèrent de résister à la Révolution.

En 1798, les Chouans du pays avaient, prétendaient-ils, de nombreux sujets de se plaindre de Jouin-Rastière, agent national de Landivy, originaire du Teilleul, marié à Désertines où il demeurait. Jacobin exalté, il entretenait une correspondance active avec l'Administration départementale, signalait les réunions des Chouans, indiquait ceux qu'il convenait d'arrêter, notait les suspects. Sa maison était un centre d'espionnage. Sa mort fut résolue.

Une trentaine de Chouans arrivaient près du bourg de Désertines, le 25 brumaire an VII (15 novembre 1798). Un sieur Fourmond, de Désertines, servait de guide à quatre d'entr'eux pour les conduire à la maison de Jouin-Rastière. Ceux-ci portaient des costumes de gendarmes. — Ils frappent à la porte de l'agent national.

— Qui est là, crie Jouin.

— Les gendarmes d'Ernée qui t'apportent une lettre, répondent-ils. Il y a un reçu à donner.

Jouin s'habille à la hâte et ouvre sa porte.

On lui présente un pli qui ne contient que ces mots : « Ton heure est venue, rappelle-toi ta religion ; tu vas rendre ton âme à Dieu », mais à peine a-t-il pu lire ces quelques mots qu'il tombe sous une décharge des fusils des quatre Chouans.

(1) Voir tome I, pages 294, 336.

Le bruit des détonations met le bourg en émoi. Les Chouans, qui attendent dans le voisinage, accourent et se mettent, ça et là, en embuscade.

Les habitants ouvrent leurs fenêtres. Corbeau, l'un d'eux, prend son fusil, va aux renseignements. Il est abattu d'un coup de fusil. Fourmond qui, après avoir conduit les quatre Chouans, était rentré dans sa maison, en sort, persuadé qu'il ne court aucun danger. Un Chouan ne le reconnaît pas, fait feu sur lui et le tue.

Le Dauphin-Tesnière, soldat de la première réquisition, lieutenant des Compagnies franches, attaché à l'état-major du général La Barollière, qui est en congé chez sa mère, s'arme d'une carabine. Il est attaqué dans le cimetière par un chouan qui le met en joue. Au moment où il dérange le canon de l'arme dirigée contre lui, le coup part, lui fait une plaie au pouce de la main gauche et lui laboure les côtes. Toutefois, il parvient à culbuter son adversaire et profite de l'incident pour s'enfuir, poursuivi par trois Chouans qui sont venus au secours de leur camarade.

Tel fut le commencement de la troisième et dernière Chouannerie dans l'arrondissement de Mayenne. Cette exécution de Jouin fut blâmée par les chefs. Ils ne la considéraient pas sans doute comme imméritée, mais la regardaient comme intempestive. L'ordre de la reprise des hostilités n'avait pas été donnée, le mouvement n'était pas prêt.

On lit dans le Bulletin de la police générale de la République, pour le mois de vendémiaire an VIII (23 septembre — 22 octobre 1799), les passages suivants :
« A quelques nuances près, les départements de l'Ouest présentent le même tableau de crimes, de dévastations, de découragement et de désespoir. Dans tous on voit la révolte faire chaque jour de nouveaux progrès, les

Chouans maîtres des campagnes, soit par la terreur, soit par la séduction, soit par l'empire que le fanatisme sait prendre sur les âmes simples et crédules, soit enfin en leur faisant entrevoir qu'il n'est d'espoir de paix, de bonheur pour leurs habitants que dans un changement de gouvernement. Les arbres de la Liberté sont abattus, les acquéreurs des domaines nationaux mis à contribution, les patriotes et les fonctionnaires publics assassinés, les courriers, la malle et les diligences dévalisés, les deniers de la République enlevés ; et les auteurs de tant de désastres se montrent avec audace et s'applaudissent de leurs horribles succès, comme si, par le vol, le brigandage et l'effusion de sang, ils avaient bien mérité de l'humanité et du ciel. Dans la plupart, tels que ceux de la Mayenne, de Maine-et-Loire..., les jeunes gens des campagnes sont forcés, sous peine de mort, de s'enrôler parmi les rebelles ; les communications de grandes routes sont interceptées ; les brigands royaux sont organisés en corps de plusieurs milles, commandés par des chefs aguerris ; ils dictent des lois, font des proclamations, et les administrations sont sans énergie ou leur sont dévouées.

« Le Département de la Mayenne, placé au centre de ces départements, paraît être avec celui de Maine-et-Loire le foyer d'où l'incendie se communique aux autres. Les brigands royaux, selon les autorités constituées, n'y trouvent plus de résistance, et bientôt ils seront maîtres de tout le pays, si le gouvernement ne leur oppose des forces suffisantes pour les réduire. Leurs bandes sont si considérables que les colonnes mobiles, la gendarmerie et le peu de troupes disséminées en différents postes sont trop faibles pour oser se hasarder à les combattre.

« Pour avoir eu le courage de résister à la sommation que ces scélérats leur avaient faite de se rendre, les habitants du bourg de Bais ont vu la dévastation et le pillage et l'embrasement de leurs maisons, de leurs récoltes, de leurs bestiaux et de leurs chevaux, et les papiers et registres de leur administration municipale lacérés et brûlés, après avoir perdu plusieurs de leurs concitoyens.

Le 7 vendemiaire (29 septembre 1799), deux cents Chouans se sont emparés de Martigné, y ont tué plusieurs défenseurs de la Patrie, pillé les républicains, enlevé quatorze chevaux de gendarmes et de chasseurs et fait prisonniers sept à huit militaires. Le 9 (1er octobre), la commune de Louverné eut le même sort... Depuis cette affaire, on craint que toutes les communications ne soient interceptées dans le département de la Mayenne. La consternation est dans les campagnes ; les emblêmes et les placards de la royauté ont remplacé les arbres de la Liberté et les affiches du Gouvernement ; les premières autorités sont sous le couteau [1].

Fouché écrit dans son rapport sur la situation de la République depuis le 18 brumaire an VIII (15 décembre 1799) :

« Les fureurs se sont un peu calmées dans la Mayenne, mais les Chouans y sont toujours dans une attitude imposante. »

La liste des recrues que purent faire les Chouans dans le canton d'Oisseau, pendant les seuls mois de juin, juillet, août et septembre 1799, fera comprendre que la crainte était bien justifiée.

Sont emmenés de force par des bandes de Chouans composées parfois de 40 à 50 hommes et plus :

<hr>

[1] V. *Archives Nationales*, F. 7. 3820 ; — *L'État de la France en l'an VIII et l'an IX*, documents publiés par M. F.-A. Aulard.

Dans la nuit du 3 au 4 messidor an VII (21-22 juin 1799), Mathieu Angot, domestique à la Fontaine, en Saint-Mars-sur-Colmont, par des Chouans se disant des mécontents ;

Dans la nuit du 5 au 6 messidor (23-24 juin 1799), Pierre Moussay, de Feumusson, en Saint-Mars-sur-Colmont ;

Dans la nuit du 8 au 9 du même mois (26-27 juin 1799), Jean Goussin, au Moulin-Besnier, en Oisseau ;

Dans la nuit du 8 au 9 du même mois (26-27 juin 1799), Jean Chevalier, de la Haie, en Oisseau.

Le 10 du même mois (28 juin 1799), François Brochard, de la Guyardière, en Oisseau. Il rentra le 16 thermidor avec un fusil.

Dans la nuit du 9 au 10 du même mois (27-28 juin 1799), Jean Baguelin, de la Sagerie, en Saint-Mars-sur-Colmont.

Le 10 du même mois (28 juin 1799), à 11 heures du matin, Thomas Pont, de la Patronnière, en Oisseau. Pont fut tué dans un combat qui eut lieu le 7 thermidor de la même année, dans la paroisse de Dompierre.

Le même jour (28 juin 1799), à 2 heures de l'après-midi, Pierre Donné, d'Oisseau. Il put rentrer le 11 thermidor porteur d'un fusil.

Dans la nuit du 10 au 11 du même mois (28-29 juin 1799), sur les 9 heures du soir, René Dumans, de la Jeusseaumière, en Saint-Mars-sur-Colmont.

Le 14 du même mois (2 juillet 1799), de 11 heures à midi, Pierre Rousseau. La bande de Chouans qui l'emmena était composée de 25 hommes armés. Rousseau rentra le 14 thermidor.

Le 21 du même mois (9 juillet 1799), de 11 heures à midi, Jacques Faverie, du bourg de Saint-Mars-sur-Colmont. Il rentra quelques jours après.

Le même jour de 10 à 11 heures, Charles Pottier, du

Bas-Fresnay, en Saint-Mars-sur-Colmont. Il rentra le 14 thermidor.

Le même jour, vers 2 heures de l'après-midi, François Lair, des Gourfaux, en Saint-Mars-sur-Colmont.

Le 22 du même mois (10 juillet 1799), vers 2 heures de l'après-midi, Jean Doyen, du Grand-Perray, en Saint-Mars-sur-Colmont.

Le 27 du même mois (15 juillet 1799), Simon Riou, du Grand-Aunay, en Saint-Mars-sur-Colmont. Il rentra le 29 fructidor.

Le 28 du même mois (16 juillet 1799), vers 4 heures du l'après-midi, Jacques Geslin, de la Métairie, en Oisseau. Il rentra le 16 thermidor avec un fusil.

Le même jour, vers 6 heures du soir, Jean Poirier, de la Lande de Marette, en Oisseau. Il rentra le 10 thermidor avec un fusil.

Le même jour, vers 5 heures du soir, Mathurin Bourcier, de Rouesson, en Oisseau. Il rentra le 11 thermidor avec un fusil.

Le même jour, vers 3 heures de l'après-midi, Jean Girault, du Crouilleau, en Oisseau.

Le même jour, également vers 3 heures, Julien Lefebvre, de la Chevalerie, en Oisseau. Il s'échappe presque aussitôt, mais le 30 messidor les Chouans vinrent le reprendre « en le menaçant de le fusiller, s'il fuyait de nouveau ».

Le même jour, vers 4 à 5 heures, Guillaume Lefebvre, du Bas-Breil, en Oisseau. Il s'échappa et rentra chez ses parents vers minuit. Le 30 messidor, 70 à 80 Chouans vinrent le reprendre.

Le même jour, vers la même heure, René Gasneray, fils, du moulin des Haies, en Oisseau. Il quitta presque aussitôt les Chouans, mais deux jours après ils le reprirent.

Le 29 du même mois (17 juillet 1799), sur les 7 heures

du soir, René Lemaréchal, de la Cruchère, en Oisseau. Il rentra le 30 messidor avec un fusil ;

Le 29 messidor an VII (17 juillet 1799), à deux heures de l'après-midi, Pierre Hary, de l'Aucherie, en Oisseau.

Le même jour, vers trois heures de l'après-midi, Mathieu Hureau, de la Belaubière, en Oisseau. Il s'enfuit quelques heures après, mais le 30 messidor, vers 8 heures du soir, les Chouans vinrent le reprendre et déclarèrent au père et à la mère « que si leur fils s'en revenait ou les quittait, ils seraient fusillés ». L'un des Chouans, frappant Mathieu d'un coup de crosse de fusil, lui dit : « Marche devant nous ».

Le 30 du même mois (18 juillet 1799), vers 9 heures du matin, Pierre Petier, de la Rougère, en Oisseau. Il rentra avec un fusil le 10 thermidor.

Le même jour, vers 3 heures de l'après-midi, René Demi et François Brouillé, de la Pillerie, en Oisseau. Ce dernier rentra le 9 thermidor.

Le 11 thermidor an VII (29 juillet 1799), vers 7 heures du soir, François Lecuisinier, du Moulin de la Pallu, en Saint-Mars-sur-Colmont. Il fut tué dans un combat.

Le même jour, vers 9 heures du soir, Michel Fougeray, du Grand-Aunay, en Saint-Mars-sur-Colmont.

Le même jour, vers la même heure, Claude Piot, de la Gesberdière, même commune. Il rentra le 14 thermidor.

Le 13 thermidor an VII (31 juillet 1799), après midi, Jean Remande, de la Dufferie, en Oisseau.

Le même jour, 25 à 30 Chouans arrivèrent au Bas-Fresnay, en Saint-Mars-sur-Colmont. Ils étaient furieux et demandèrent où étaient Charles Potier et sa femme pour les fusiller, « parce que leur coquin de fils les avait abandonnés ». La femme Potier entendant les vociférations des Chouans se cacha dans sa cave, derrière un tonneau où on ne la découvrit pas. Les Chouans brisèrent les meubles de la maison, prirent le jeune fils Julien Potier, âgé de 16 ans, qui travaillait dans un champ du voisinage, et lui dirent : « Ton coquin de frère nous a abandonné. Si tu ne viens pas de suite avec nous et de bon cœur, tu vas périr. » Le jeune homme suivit les Chouans, mais parvint à s'échapper le sixième jour des sans-culottides. Lorsque les Chouans s'étaient emparés du fils aîné des époux Potier, la femme leur avait dit : « Vous ne l'aurez pas longtemps ; il vous quittera quand il en trouvera l'occasion ; j'aimerais mieux périr avec toute ma famille que d'avoir des enfants dans les Chouans ».

Les Chouans emmenèrent encore :

Le 13 thermidor an VII (31 juillet 1799), vers 5 heures du soir, Julien Neveu, de la Gobionière, en Oisseau.

Le même jour, à 7 heures du soir, Jean Lecomte, du Petit-Vauboureau, en Oisseau.

Le 22 thermidor an VII (9 août 1799), vers 10 heures du matin, Jacques Trideau, de la Métairie, en Saint-Mars-sur-Colmont.

Le 9 fructidor an VII (9 août 1799), vers 6 heures du matin, Joseph Chorin, d'Oisseau. Comme il cherchait à s'échapper, les Chouans le couchèrent en joue à 12 ou 15 pas, en le sommant de s'arrêter, ce qu'il fit, mais il fut tué quelque temps après.

Le même jour, vers 5 heures du soir, Jean Clayer, de Montgriveul, en Oisseau. Il rentra le sixième jour complémentaire.

Le même jour, vers la même heure, Jean Vayer, de la Petite-Semondière, en Oisseau, qui était à battre le grain à Montgriveul. Il rentra le 29 fructidor.

Le 11 fructidor an VII (28 août 1799), à 10 heures du matin, Seigneur, de la Doinelière, en Saint-Mars-sur-Colmont.

Le même jour, vers trois heures de l'après-midi, François Lecoq, de l'Aumônière, en Oisseau.

Le 12 du même mois (29 août 1799), vers la même heure, Pierre Moricière, de la Fontainerie, en Oisseau.

Le troisième jour complémentaire de l'an VII (19 septembre 1799), vers sept heures et demie du soir, Julien Lefebvre, de la Chevalerie, en Oisseau, qui avait échappé précédemment d'une bande de Chouans et s'était refugié au bourg d'Oisseau. Il fut pris au moment où il venait à la Chevalerie, chez ses parents, chercher du pain et des vêtements.

Le sixième jour des sans-culottides (22 septembre 1799), Jacques Girault, du Crouilleau, en Oisseau. Il fut tué à Saint-Georges-Buttavent par les bleus, le 3 frimaire an VIII.

Le 8 vendémiaire an VIII (30 septembre 1799), vers midi, Laurent Robillard, de Litron, en Oisseau.

Le même jour, vers 3 heures de l'après-midi, Pierre Chorin, de Lozé, en Oisseau.

Le même jour, vers la même heure, René Gasneray, qu'ils avaient déjà enlevé le 28 messidor et qui s'était échappé. Les Chouans le menacèrent de le fusiller s'il les abandonnait encore.

Le même jour, vers 4 heures du soir, Pierre Lagoutte, du Pont, en Saint-Mars.

Les recrues des Chouans se composaient de quelques fils de laboureurs, surtout de domestiques de ferme. Nous ne mentionnons pas les jeunes gens d'Oisseau et de Saint-Mars, qui s'enrôlèrent volontairement dans leurs bandes, ni ceux qui, après avoir été contraints de les suivre, y restèrent de leur plein gré.

Le 21 vendémiaire an VIII (13 octobre 1799), sept Chouans entrèrent, vers 9 heures du matin, chez Joseph Laigre, cultivateur à Rouesson, et lui dirent : « Depuis longtemps ton fils se cache de peur de venir avec nous ; si tu ne le trouves pas sur-le-champ et s'il ne nous accompagne point, tu vas être fusillé. » Laigre, infirme, âgé de 67 ans, qui avait vu trois ans auparavant sa femme fusillée à côté de lui par de pareils brigands, craignit pour sa vie et répondit que son fils était malade, très faible, qu'il n'avait jamais su charger un fusil et ne pouvait leur être utile. » Il ajouta : « Si vous l'exigez, il faut bien qu'il parte. » Au même instant, deux de ces brigands qui s'étaient détachés de leurs camarades amenèrent le jeune René Laigre, garçon de 22 ans, qu'ils avaient trouvé caché dans un fossé et le menacèrent de le fusiller s'il ne partait pas avec eux et de bon cœur. Ils lui dirent encore que s'il avait le malheur de les abandonner, ils tueraient son père et brûleraient sa maison. Le jeune homme se rappelant le sort qu'ils avaient fait à sa mère leur dit en pleurant : « Et ma mère ! » « Il n'y a point de mère, reprirent les Chouans. Si tu ne pars pas immédiatement, on t'en fera autant. » René Laigre reprit : « A la grâce de Dieu ! », et il les suivit [1].

Nous pourrions continuer ces citations. Les habitants des campagnes étaient à plaindre. Chouans et Bleus, mettaient tour à tour, en danger leur vie et leurs biens. Les fonctionnaires et les acquéreurs de biens nationaux se trouvaient surtout exposés à la fureur des Chouans.

D'un autre côté, les soldats de la République exercèrent de terribles représailles.

Le 21 avril 1795 (2 floréal an III), le Conseil général

[1] Michel Foucault, huissier, secrétaire de la municipalité d'Oisseau, avait été tué par les Chouans dans la cour de l'hôpital d'Oisseau dès le 3 ventôse an III (21 février 1795).

La même année, le 2 thermidor (20 juillet 1795), François Aubert, marchand, demeurant au Gros-Bois, en Oisseau, fut fusillé par une bande de Chouans, vers 5 heures du soir, dans le voisinage du Moulin-Besnier, en revenant de Gorron.

de la commune de Mayenne écrit au conventionnel Bissy : « La troupe s'est livrée à des excès qui font frémir... Dans la commune d'Oisseau, quatre hommes ont été arrêtés ; ils étaient sans armes. Les commandants voulaient les conduire à la maison d'arrêt de la commune. Les soldats composant le détachement s'y sont opposés, ont demandé à les fusiller et l'ont fait malgré les observations des chefs... Nous ne capitulerons jamais avec les ennemis de la République. Si nous cherchons, jour et nuit, à préserver nos frères de leurs atteintes, comment les protéger contre les écarts criminels de ceux qui, au lieu de les protéger, les suppriment ? »

La Municipalité de Mayenne écrit au Commissaire du Directoire du Département, le 7 avril 1796 (18 germinal an IV) : « Par votre lettre du 18 ventôse dernier (8 mars 1796), vous demandiez des procès-verbaux sur les plaintes qui auraient pour objet des vols, pillages et mauvais traitements exercés contre les habitants des campagnes, tant par les militaires que par les Chouans... Les campagnes, ravagées par les Chouans, chaque jour, et quelquefois même par les troupes qui devraient les protéger, sont tellement comprimées qu'elles n'osent se plaindre, dans la crainte de s'attirer un redoublement de vexations. Vous ne recevrez donc que peu de procès-verbaux dressés sur les lieux mêmes où les meurtres et les brigandages se commettent ; et toutes les fois qu'il nous parviendra des connaissances de pareils excès, nous vous en instruirons, assurés que vous en donnerez avis aux ministres et à tous ceux qui pourront y apporter remède. Au reste, les gens dignes de foi et qui se sont réfugiés ici assurent que la compagnie de soldats dont il s'agit a commis beaucoup d'autres excès pareils ; il est urgent qu'on s'occupe sérieusement de rétablir la discipline parmi les troupes. Il faut assurer les propriétés et la vie des hommes paisibles et sans armes, sans quoi, les habitants des campagnes seront forcés de les quitter ou réduits au désespoir. Ils augmenteront le nombre des Chouans et feront de notre pays une nouvelle Vendée. Au contraire, ils regarderaient comme des libérateurs des militaires bien disciplinés, qui ne se feraient craindre que des rebelles... »

De Mayenne, on écrit encore, le 6 mars 1799 (16 ventôse an VII), à l'Administration du Département : « ... Il est arrivé plusieurs fois que des individus arrêtés ont été fusillés par ceux qui les conduisaient en prison. Aussi les artisans de la guerre civile font remarquer qu'il y a un parti-pris de n'observer aucune formalité à leur égard. »

Autre lettre de la Municipalité de Mayenne, du 1er avril 1799, adressée aux députés Goyet-Dubignon, Maupetit et Bissy : « Ce qu'il y a de certain, c'est que les assassinats des Chouans ont tellement consterné les campagnes, qu'il s'est réfugié dans nos murs, depuis un mois, plus de citoyens que dans la grande force des Chouans. Il paraît que leur but est d'en chasser les gens aisés et instruits, afin de pouvoir plus aisément séduire et soulever les autres [1]. »

Gillot, régisseur du domaine du Plessis-Châtillon, écrivait de Châtillon-sur-Colmont, le 2 frimaire an VIII (23 novembre 1799), à Isambert, secrétaire de la marquise de Narbonne-Pelet :

« Nous vous remercions, Monsieur, de vos sollicitudes sur notre position. Jusqu'à ce jour j'aurais tort de me plaindre beaucoup de ces messieurs (les Chouans). Que m'ont-ils fait ? Rien encore que de venir boire et manger plusieurs fois à la maison. Je n'ai pas été jus-

_______

(1) V. *Souvenirs du Vieux Mayenne*, pp. 364 et s. ; — *Le Préau du Château de Mayenne*, pp. 86 et s., 126 et s. ; — *Documents sur la Ville de Mayenne*, pp. 185 et s., 194 et s. ; — *Ville et Pays de Mayenne*, p. 575.

qu'à présent du nombre de ceux qu'ils font contribuer. Dieu me garde néanmoins de leurs fréquentes visites, car on est continuellement tourmenté d'inquiétude, encore plus la nuit que le jour... ».

Autres fragments de lettres de Gillot au même :

« 21 nivôse an VII (11 janvier 1800).

« Si celle-ci vous arrive, je vous demande de me répondre aussitôt et de m'indiquer ce que je dois faire pour ma tranquillité. Si les dangers de voyager n'étaient pas aussi grands dans le temps malheureux où nous sommes, j'aurais pris le parti d'aller à Château-Gontier pour m'assurer de la cause qui empêche M. Noël de me répondre, mais il n'y faut pas penser... ».

« 20 pluviôse an VIII (9 février 1800),

« Il paraîtrait, d'après les Nouvelles, que Bourmont, dont le Département de la Mayenne fait partie de sa division, a fait sa paix ; cependant il n'y a pas encore d'apparence d'aucun licenciement. Malgré cela et si quelque chose pouvait faire ajouter foi à cette agréable nouvelle, ce serait l'espèce d'abandon qu'on remarque de la part des chefs envers les Chouans et les mesures et voies de fait de ceux-ci envers leurs sous-officiers, sans doute pour avoir part aux contributions qu'ils ont levées. Parmi ces hommes, il y en a près de quarante de Châtillon, et il en est de même des autres communes. Tous ont été forcés de marcher malgré eux, et ils s'en retournent dans le sein de leur famille avec joie.

« 13 ventôse an VIII (4 mars 1800).

« Les Chouans ont été congédiés par leurs chefs, il y a près de quinze jours ; ils sont retournés chez eux avec leurs fusils et leurs uniformes et avec la permission de chasser : voilà toute la récompense qui leur a été faite.

Depuis trois à quatre jours, ils sont obligés de remettre leurs armes au Commandant de la place de Mayenne ; et comme ils ne s'y attendaient pas, la plupart d'entr'eux en sont fort mécontents. Ce dénouement, qui leur a fait de la peine, nous fait à nous beaucoup de plaisir. Ils en seront moins audacieux et entreprenants. Il y aura d'ailleurs plus de sécurité pour tout le monde. Malgré cela, cette malheureuse guerre laissera, à la suite, des voleurs, mais que l'on parviendra sans doute à détruire avec le temps. »

## V

*Procès-verbal du Comité révolutionnaire de Mayenne*
*concernant les suspects (Copie textuelle)* [1]
*21 Mars 1794*

Aujourd'hui premier germinal, l'an 2° de la République française, une, indivisible et impérissable,

Nous, Les membres du Comité, assemblés au lieu ordinaire de leur séance où étaient présents les citoyens :

Wohlgemuth (Laurent), président, organiste à Notre-Dame de Mayenne ;

Maréchal (Jean-Baptiste-François), négociant ;

Collin (Pierre), marchand ;

Aubin (Daniel), fils, tisserand ;

Cottereau (François-René), maître d'école ;

Garnier (Jean-Baptiste), marchand ;

Viel (Jacques), père,

Et autres (qui étaient Etienne Gasseau aîné, hôte ;

(1) L'orthographe de Viel, l'un des membres du comité, rédacteur de ce procès-verbal, laissant trop à désirer, nous avons cru devoir la rectifier. Les mots mis entre parenthèses ont été ajoutés par nous. V. tome I, page 326.

René Chevrinais, hôte au Lion d'or, et de la Bécannière jeune, secrétaire) ;

Afin de délibérer, en notre honneur et conscience, sur la demande à eux faite par le citoyen Pottier, agent national du District, pour dire leurs raisons et vérités pour et contre les personnes détenues et celles contre lesquelles il y a eu des mandats d'arrêt depuis le 18 septembre (1793) jusqu'à aujourd'hui, et qui n'ont point été élargies ;

Cet ordre à nous remis par le citoyen Pottier, agent national provisoire du district, le 26 ventôse,

Avons procédé ainsi qu'il suit:

*Jean Foucault*, âgé de 50 ans, marié, a un fils âgé de 13 ans. Sa détention comme portier du ci-devant évêque de Dol, par mesure de sûreté.

*Louis Moulay (de) la Raitrie*, âgé de 45 ans, 2 enfants, un garçon âgé de 18 ans et la fille âgée de 16 ans. Il a été lâché un mandat d'amener contre lui, mais il a passé et son fils avec les brigands de la Vendée. Il était lieutenant des gendarmes et ci-devant lieutenant et prévôt de la maréchaussée. Son revenu d'à peu près 3.000 $^{tt}$ de de rente, et royaliste prononcé. On ne sait où est sa fille.

*Gabriel-Pierre-Armand Tripier* (de) Lozé, âgé de 72 ans, *Catherine-Marguerite Gilly*, sa femme, âgée de 68 ans, 2 garçons émigrés, l'aîné âgé de 38 ans, le jeune âgé de 32 ans. Lesdits Lozé, père et mère, maintenant, la femme à Chartres et le mari à Alençon, détenus pour cause d'être père et mère d'émigrés, vivant de leur revenu, ayant à peu près 7.000 $^{tt}$ de rente, (le mari) ayant rempli ses devoirs au Bureau de Charité et au Bureau de Conciliation, cependant soupçonné d'avoir fait émigrer son fils aîné, c'est-à-dire lui en avoir donné le conseil. Bon caractère, mais fanatique.

*(Jacques-Bertrand) Testard (de la) Caillerie*, ex-noble, âgé de 47 ans, marié et sans enfants, ci-devant receveur

du bureau de tabac à Mayenne, arrêté et envoyé à Chartres. Cet homme est reconnu pour aristocrate prononcé.

*Alexandre Lenormand,* ex-frère servant de Malte, demeurant à Mayenne avant sa détention, âgé de 73 ans, en fuite. Cependant il y avait un mandat d'arrêt contre lui. Sans fortune, la Nation s'en étant emparée. Aristocrate prononcé.

*Marie-Henriette Giffard de la Porte, veuve (de François-Urbain Le Bouvier) du Hameau,* demeurant à Mayenne, âgée de 62 ans, ayant 3 enfants, un garçon âgé de 34 ans, sa fille aînée âgée de 30 ans, sa jeune fille âgée de 29 ans. Arrêtée croyant son fils émigré, mais son fils nous a produit des certificats de résidence. La mère et les filles jouissent d'à peu près 4.000$^{tt}$ de rente.

*Pierre-Joseph Pattier, père,* de Mayenne, âgé de 66 ans, 4 enfants. Sa fille aînée âgée de 40 ans, son fils aîné de 34 ans, le cadet de 30 ans à la défense de la patrie, le jeune de 26 ans. Ce dernier est au service de la République et était à la prise de la Bastille. Ledit Pattier, père, a été détenu et renvoyé chez lui à cause de ses infirmités. Sa détention causée par son aristocratie, vivant de son revenu, ayant 4.000$^{tt}$ de rente. Etant avant la Révolution commensal du ci-devant duc d'Orléans, s'étant bien acquitté des places qui lui ont été confiées. Caractère humain envers les pauvres.

*(Julien-René) Becasson (de la Lardais)* veuf (de Jeanne-Marie-Renée de Bois-Adam), âgé de 78 ans, ayant 2 enfants, un garçon et une fille, le garçon âgé de 42 ans, sa fille âgée de 40 ans. Ledit Bécasson, présentement à Chartres, incarcéré par mesure de sûreté comme ci-devant noble, ayant été, il y a bien 10 ans, conseiller au ci-devant parlement de Rennes, vivant de son revenu d'à peu près 8.000$^{tt}$ de rente. Ci-devant noble.

*(François-Robert) Tanquerel (de la) Panissais*, âgé de 52 ans, demeurant à Mayenne avant sa détention ; sa femme, fille (Marie-Anne) Durand, âgée de 45 ans. Ayant 10 enfants dont le fils aîné émigré, une fille à Ernée, les autres 8 enfants à Chartres dont on ne sait pas les âges. Détenus comme père et mère d'émigré, vivant de leur revenu, ayant à peu près 6.000$^{tt}$ de rente. Voyant ordinairement les ci-devant nobles. Ayant acheté pour à peu près 70 à 80.000$^{tt}$ de biens nationaux. D'un caractère orgueilleux.

*Pierre-Joseph Pattier, fils aîné*, demeurant à Mayenne avant sa détention, âgé de 34 ans, ayant 2 garçons, l'aîné âgé de 22 mois, le second de 5 mois. Les deux enfants et sa femme (Anne-Victoire-Renée Gournay), à Mayenne. Détenu comme beau-frère d'émigré et par mesure de sûreté, présentement à Chartres, étant conseiller à l'Election avant la Révolution. Vivant de son bien d'à peu près 900$^{tt}$ de rente.

*François-René Gournay*, âgé de 44 ans, demeurant à Mayenne, marié, sans enfants, étant en fuite depuis l'arrêté pris contre lui pour avoir abandonné son poste étant maire de cette commune. Etant avant la Révolution avocat et juge royal, et ayant été depuis député à l'Assemblée constituante, ayant à peu près 400$^{tt}$ de rente. D'un caractère doux et affable.

*Jean-Vincent-Marie (Lefebvre de) Cheverus*, demeurant à Mayenne avant le mandat d'arrêt lancé contre lui, âgé de 54 ans, en fuite. Veuf (de Anne-Charlotte Le Marchand des Noyers), ayant six enfants dont 3 garçons et 3 filles ; l'aîné (Jean-Louis-Anne-Madeleine), prêtre, (le futur cardinal), âgé de 26 ans, déporté ; le cadet (Julien-Madeleine) âgé de 25 ans, contre lequel il y a eu aussi un mandat d'amener et en fuite aussi depuis notre mandat d'amener ; le jeune garçon âgé de 20 ans au service de la République. Des 3 filles l'une (Clotilde) âgée de 24 ans, la seconde (Anne) de 21 ans, et la dernière (Michélle-Françoise) âgée de 10 ans, toutes les trois demeurant à Denis-de-Gastines. (Le père) dévoué au fanatisme, n'ayant pu obtenir de certificat de civisme, ci-devant juge au Tribunal de Mayenne ; depuis la Révolution il fut encore nommé juge au Tribunal du District. Ayant à peu près 2.000 de revenus. Ayant des relations avec les fanatiques. Le fils Cheverus, cadet, âgé de 25 ans, étant fortement soupçonné d'avoir fomenté des troubles lors de la levée des 300.000 hommes. Le père et la fille dont est mention ayant un caractère haut et méprisant.

*Nicolas-François Le Forestier*, demeurant à Mayenne, âgé de 41 ans, (*Marie-*) *Bonne Hardy*, son épouse, âgée de 25 ans, ayant une fille âgée de 7 ans, demeurant à Laval. Ledit Le Forestier et femme ayant été mis en arrestation par ordre du Comité, présentement détenus à Chartres par mesure de sûreté. (Lui) ayant abandonné son poste (de Commandant) du bataillon de la Mayenne, ayant participé à une lettre écrite à Louis Capet par le Gouverneur de Givet pour se plaindre sur son sort (*sic*), et sa femme par mesure de sûreté. Vivant de son revenu. Au commencement de la Révolution fut nommé commandant de la Garde nationale de cette cité dont il s'acquitta avec bravoure. D'après cela, il s'enrôla pour aller à la défense de la Patrie et fut nommé commandant du premier bataillon de la Mayenne. Depuis il a produit au Comité des certificats de médecin et de chirurgien qui attestent son indisposition pour le service et ainsi que sa prompte rectation (*sic*) devant notaire à la lettre dont il s'agit. A été aussi réclamé par son bataillon et par la commune de Mayenne. Son revenu d'à peu près 8.000 avant la Révolution et a acheté pour aux environs de 70.000 de biens nationaux. Par sa conduite dans nos murs, il s'est attiré l'inimitié des personnes suspectes qu'il fréquentait avant la Révolution. Son caractère est affable. Le Comité l'a réclamé le 11 nivôse auprès de Garnier de Saintes.

*Guillaume Tirot*, âgé de 45 ans, domestique de la femme Chasteloger, demeurant à Mayenne, garçon sans fortune, d'après le mandat d'amener levé contre lui. Il s'est évadé ; aristocrate prononcé.

*Françoise-Charlotte (de) Hercé*, fille, demeurant à Mayenne, âgée de 70 ans, détenue par arrêté du Comité comme sœur d'émigré, présentement à Chartres. Vivant avant la Révolution avec ses frères ayant pour revenu 30.000[#] de rente (*sic*) affectés sur le domaine de l'Isle, en la commune de Fraimbault-de-Prières (*sic*).

*Renée-Françoise Thoumin*, veuve (*de Louis-René-François Moulay de la*) Raitrie, demeurant à Mayenne, deux enfants, un fils âgé de 45 ans avec les Rebelles, une fille, âgée de 33 ans, détenue avec sa mère à Mayenne par arrêté du Comité, présentement à Chartres. Vivant de leur bien avant la Révolution, la mère ayant 800[#] de revenu et la fille 900[#]. Nous ne connaissons ni leurs relations, ni leurs liaisons avant la Révolution. Aristocrates.

*Hyacinthe- (Françoise-Marie Le) Mercerel, veuve de Marie-René Le Mesnager (de la) Dufferie*, demeurant à Mayenne avant sa détention, âgée de 66 ans, ayant six enfants, un fils (Charles-Hyacinthe-René) âgé de 40 ans, émigré, ci-devant noble, sa fille aînée âgée de 35 ans (Jacquine-Hyacinthe-Charlotte), veuve (de César-Eléonor de) Sarcus. Les autres filles de la veuve Dufferie, Marie-(Charlotte) âgée de 33 ans, Jeanne-(Françoise) âgée de 31 ans, Elisabeth-Michelle et Marie-Adélaïde, jumelles âgées de 27 ans. Par arrêté du comité la veuve Dufferie et sa fille mariée (Charlotte) ont été mises en arrestation chez elles seulement vu l'infirmité de la dite veuve, mère ; la fille aînée veuve Sarcus et les

autres filles mises en état d'arrestation comme sœurs
d'émigré, lors du passage des brigands (les Vendéens)
dans la ville, conduites à Chartres. Vivant de leurs
revenus, ayant à peu près 2.400 $^{tt}$ de rente. Rien à dire
sur leurs relations, ni liaisons. Opinions religieuses et
aristocrates quoique d'un caractère doux.

*Jeanne (Dubois de la) Basmaignée, femme de (Jean-
François de) Hercé (du Plessis)*, émigré, de Mayenne,
âgée de 47 ans, 2 enfants, le garçon aîné âgé de 16, le
dernier âgé de 13 ans ; ladite femme mise en arrestation
et transférée à Chartres lors du passage des brigands.
Vivant de son revenu, ayant à peu près 5.000 $^{tt}$ de rente;
sans connaître ses relations, aristocrate.

*Jean (de) Chapedelaine*, de Mayenne, âgé de 70 ans,
*Marie-Renée de Bazogers*, sa femme, âgée de 56 ans,
ayant deux garçons émigrés, l'aîné âgé de 30 ans, le
jeune âgé de 28 ans ; ladite femme Chapedelaine incar-
cérée et transférée à Chartres lors du passage des brigands à Mayenne. Ledit Chapedelaine, son mari, incarcéré, resté dans sa maison pour cause d'infirmité.
Vivant de leur bien, ayant à peu près 22.000 $^{tt}$ de rente.
Ne connaissant point leurs relations ; le mari et la
femme tous deux ci-devant nobles, très portés pour le
soulagement des pauvres.

*Renée Brilland*, fille âgée de 47 ans, demeurant à
Mayenne, mise en arrestation, présentement à Chartres,
arrêtée par mesure de sûreté, demeurant chez un de ses
parents, n'ayant que 200 $^{tt}$ de rente. Ne lui connaissant
aucunes relations que de fréquenter les grands aristocrates.

*Louise-Désirée Duvivier (de la Cocherie)*, âgée de 44
ans, fille, demeurant à Fraimbault-de-Prières, fille de
compagnie de la veuve d'Augustin Héliand- (Chambellay), ci-devant noble, mise en arrestation par mesure
de sûreté, ne voyant et ne vivant qu'avec les grands,

présentement à Chartres, sans profession, son revenu d'à peu près 200$^{#}$ de rente, fréquentant les grands fanatiques.

*Elisabeth-(Victoire-Eléonore de) Montecler, veuve d'Augustin (Pierre-Philippe d') Héliand- (Chambellay)*, ci-devant noble, demeurant à Fraimbault-de-Prières, âgée de 60 ans environ, trois enfants, sans avoir pu savoir leur âge, dont 2 garçons émigrés, et la fille avec sa mère mise en état d'arrestation comme mère et sœur d'émigrés, présentement à Chartres, vivant de leur revenu. Le revenu de ladite veuve se monte à 600$^{#}$ de rente, sans connaître celui de sa fille. Ne connaissant ni leurs relations, ni liaisons, demeurant à la campagne, aristocrates.

*Françoise-Marie du Bailleul*, fille, ci-devant noble, âgée de 66 ans, demeurant à Mayenne, et sa sœur (Anne-Victoire-Félicité du Bailleul), morte à Chartres, incarcérées par mesure de sûreté, ci-devant nobles, présentement l'aînée à Chartres. Vivant de leur revenu, ayant à peu près 13,000$^{#}$ de rente, ayant eu des relations avec P..., ci-devant vicaire au Mans, leur ayant trouvé une lettre de l'évêque, par laquelle il leur permettait de dire la messe dans leur maison. En 1791, elles étaient fort charitables, partageant leur fortune avec les pauvres, ce que fait encore celle qui est détenue à Chartres.

*Françoise Sireuil*, fille, âgée de 57 ans, ci-devant noble, et sœur du curé émigré (de Parigné, Pierre-François) Sireuil de la Touche, mise en arrestation, présentement à Chartres, vivant avant la Révolution avec son frère, ne lui connaissant pas de fortune, ni ses liaisons, ni ses relations.

*Marie- (Jeanne-Françoise-Thérèse de) Hercé*, la jeune, fille, âgée de 36 ans, demeurant à Mayenne, ci-devant noble et sœur d'émigré (Armand de Hercé), présentement détenue à Chartres. Vivant de son revenu, ayant à peu près 2.000$^{tt}$ de rente. Ne connaissant ni ses relations, ni ses liaisons. Caractère très doux.

*Marie- (Louise) Billard (de Lorière)*, fille, âgée de 60 ans, demeurant commune de Fraimbault-de-Prières, mise en arrestation comme la croyant ci-devant noble et par mesure de sûreté, présentement à Chartres. Vivant de son revenu, ayant 4.500$^{tt}$ de rente. Ne connaissant ni ses relations, ni ses liaisons. D'un caractère doux.

*Marguerite-Charlotte (Le) Frère (de) Maison*, fille, demeurant à Mayenne, âgée de 40 ans, sœur d'émigré (Jacques-François-Charles Le Frère de Maisons), ci-devant noble, présentement détenue à Chartres, vivant de son revenu, ayant 4.000$^{tt}$ de rente pour elle et son frère émigré. Ne connaissant ni ses relations, ni ses liaisons. Caractère doux et affable.

*Marguerite-Elisabeth Le Frère (de Maison), veuve (de François) Treton (de Vaujuas)*, demeurant à Mayenne, âgée de 62 ans, ci-devant noble, ayant 4 enfants, trois garçons et une fille, dont deux garçons émigrés (Jacques-François-René et François-René-Charles), l'un âgé de 37 ans et l'autre de 36 ans, un autre troisième embarqué avec le citoyen La Pérouse, et la fille âgée de 29 ans avec sa mère. La mère et la fille mises en état d'arrestation comme ci-devant nobles, mère et sœur d'émigrés, présentement détenues à Chartres. Vivant de leur revenu aux environs de 5.000$^{tt}$ de rente. Ne connaissant ni leurs relations, ni leurs liaisons, n'ayant point connaissance de leurs opinions politiques.

*Anne-(Marie) Couasnon (de la Martinière), femme (de François-Charles) Deschamps du Méry*, émigré, demeurant à Mayenne, âgée de 36 ans, trois enfants, deux garçons et une fille, l'aîné âgé de 9 ans 6 mois, le cadet âgé de 8 ans, la fille âgée de 5 ans 6 mois, tous trois demeurant à Denis-de-Gastine ; mise en état d'arrestation comme femme d'émigré et présentement à Chartres.

Vivant de son bien. La femme ayant à peu près 1.000$^{#}$ de rente. Voyant les grands. Caractère haut et orgueilleux.

*Marie-Madeleine Pattier, femme de Louis-Alexandre-François de Guibert* (émigré), âgée de 40 ans, demeurant à Mayenne, ayant deux enfants, l'aîné âgé de 10 ans, le jeune âgé de 7 ans, le cadet à Mayenne et l'autre ne sachant où il est. Le comité ayant lancé contre elle un mandat d'amener comme femme d'émigré, elle a pris la fuite. Vivant de son revenu, ayant à elle 900$^{#}$ de rente. Ne connaissant ni ses relations, ni ses liaisons. D'un assez bon caractère.

*Jacquine- (Hyacinthe-Charlotte) Le Mesnager (de la) Dufferie, veuve (de César-Eléonor de) Sarcus*, demeurant à Mayenne, âgée de 35 ans, ayant une fille et un garçon, le garçon âgé de 7 ans, la fille âgée de 9 ans. On ne sait où sont les enfants. Ladite veuve Sarcus mise en état d'arrestation comme sœur de (Charles-Hyacinthe-René) émigré, transférée à Chartres au passage des brigands, vivant de son revenu, ayant de son côté à peu près 400$^{#}$ de rente. Ne connaissant ni ses relations, ni ses liaisons, aristocrate, d'un assez bon caractère.

*Louise- (Marie-Julienne Tripier de) la Grange, veuve (de Jean-René) Tanquerel*, demeurant à Mayenne, âgée de 58 ans, ayant un fils émigré (Jean-Marie Tanquerel), âgé de 35 ans, mise en arrestation comme mère d'émigré, présentement détenue à Chartres, vivant de son revenu, ayant à peu près 20.000$^{#}$ de rente tant pour elle que pour son fils. N'ayant nulle connaissance ni de ses relations, ni de ses liaisons. Voyant les grands comme elle.

*Julienne Tripier (de) la Grange d'Etiveau*, fille, de 66 ans, demeurant à Mayenne, infirme depuis longtemps, mise en état d'arrestation, présentement détenue à Chartres, vivant de son revenu, ayant 1500$^{#}$ de rente, faisant beaucoup de bien aux pauvres, douce, d'un bon caractère mais fanatique.

*Anne-Madeleine (de) Gasté, âgée de 65 ans, Marie-Anne (de) Gasté, âgée* de 60 ans, toutes deux sœurs, demeurant à Mayenne, mises en état d'arrestation comme sœurs de (Joseph-René et Maurice-Simon de Gasté), émigrés, présentement détenues à Chartres. Vivant de leurs revenns, 2.000# de rente, n'ayant point connaissance de leurs relations, aristocrates prononcées.

*Louise-(Jude-Marie-Jeanne-Baptiste-Reine) Bégasson (de la Lardais), âgée de 40 ans, femme de (Joseph-Hyacinthe Le Mercerel de) Chasteloger,* émigré, mise en arrestation comme femme d'émigré, présentement détenue à Chartres. Vivant de son revenu, ayant 3.000# de rente. N'ayant point connaissance de ses relations et liaisons. Caractère doux, mais aristocrate.

*(Jean-Baptiste-Joseph-Alexandre de) la Broise,* ex-juge au tribunal du District de Mayenne, âgé d'environ 50 ans, sa femme (Marie-Anne-Couppel de la Goulande), âgée d'environ 40 ans, sans avoir pu découvrir ni leurs noms, ni leur âge, ayant un fils âgé d'environ 16 ans. Le comité ayant lancé un mandat d'amener comme ci-devant nobles, et le mari ayant abandonné son poste de juge lorsque la patrie était en danger, preuve de son incivisme, ils ont pris la fuite. Vivant de leur revenu, ayant à peu près 4.000# de rente. Ne connaissant ni leurs relations, ni leur liaisons, demeurant hors la ville, la femme surtout aristocrate prononcée.

*Veuve Crinay (ou Crenay),* âgée de 48 ans environ, ayant demeuré dans une maison suspecte (chez Anne-Marie Couasnon, épouse de l'émigré François-Charles Deschamps du Méry), ayant une fille d'à peu près 15 ans. Un mandat fut lancé contre elle par mesure de sûreté ; ladite femme s'est évadée. Sans savoir où elle est allée. Ne connaissant nullement ses relations, ni ses opinions, ni sa fortune.

*René-Michel des Aulnois (sieur du Breil)*, âgé de 63 ans, *Anne-Rose Le Balleur*, femme dudit des Aulnois, âgée de 60 ans, demeurant à Mayenne, ayant 4 enfants dont un garçon âgé de 25 ans, au service de la patrie depuis le commencement de la Révolution, la fille aînée (Renée-Rose) âgée de 24 ans, la cadette (Lucie-Adélaïde), âgée de 21 ans, et la dernière (Anne-Renée), âgée de 18 ans. Des Aulnois et sa femme furent mis en état d'arrestation par mesure de sûreté, présentement à Chartres. Vivant de leurs revenus, ayant à peu près 8.000 $^{tt}$ de rente. Le comité avait pris un arrêté le 11 nivôse pour leur élargissement auprès de Garnier de Saintes, représentant à Alençon.

*Charles-Daniel Lefebvre d'Argencé*, fils aîné, âgé de 33 ans, *Marie-Madeleine Hochet de la Terrerie*, sa femme, âgée de 27 ans, demeurant à Mayenne. Le comité a reconnu leur innocence et a sollicité leur élargissement auprès du citoyen Garnier de Saintes, à Alençon, du 11 nivôse. Vivant de leur revenu, ayant à peu près 3.800 $^{tt}$ de rente. Caractère doux et honnête.

*Thomas Sohier (de Villemer)*, ex-contrôleur, et depuis la Révolution, receveur des droits d'Enregistrement, destitué par le représentant du peuple Thirion, veuf (de Marie-Renée-Françoise Jarry de la Breneudière), âgé de 66 ans, ayant deux enfants, un garçon âgé de 30 ans et une fille âgée de 32 ans. Mis en état d'arrestation comme destitué. Vivant en partie de son état, n'ayant à lui que 800 $^{tt}$ de rente, ayant été soupçonné de retirer chez lui des prêtres réfractaires avant la déportation ordonnée par la Convention, ayant fait différentes recherches qui n'ont prouvé rien des faits dont il est accusé. Opinions religieuses. Bon aux pauvres. Ledit Sohier aurait été élargi et même le comité invita le citoyen Garnier de Saintes à autoriser son élargissement.

*Marie (Thérèse-Françoise-Catherine Anjubault de) la Roche, veuve (d'Urbain-François-Joseph Lefebvre d'Argencé; — François-Marie-Urbain Lefebvre) d'Argencé, fils; — (Joséphine-Anne-Charlotte Piquet du Bois-Guy), belle-fille;* la mère âgée de 52 ans, le fils âgé de 20 ans, la belle-fille âgée de 20 ans, noble, une petite-fille âgée de 6 mois, nommée Bonne-Camille d'Argencé. Détenus à Chartres par mesure de sûreté, comme sœur d'Anjubault-la-Roche, ci-devant procureur syndic du département de la Mayenne, présentement tous à Chartres. Vivant de leur bien. La mère 1.500$^{tt}$ de rente et le fils 2.000$^{tt}$ de revenu. Leur caractère bon et affable, et bons aux pauvres.

*(François-René Lefebvre) d'Argencé,* père, ex-receveur du District, âgé d'à peu près 60 ans, demeurant à Mayenne, ayant 4 enfants, le fils aîné, 33 ans, le jeune, 30 ans, la fille aînée, 31 ans et la jeune, 26 ans. Mis en état d'arrestation comme destitué par le citoyen Thirion, représentant du peuple, et quelque temps après a obtenu du citoyen Garnier de Saintes, représentant du peuple, un sursis pour trois mois afin de rendre ses comptes. Maintenant, à Mayenne. Vivant de son revenu et du produit de sa charge. Ayant 6.000$^{tt}$ de rente. Voyant sa famille. Bon caractère, remplissant bien son devoir dans sa charge.

*Louis Lemoine (de la Besnardière),* âgé de 60 ans, *Marie (Anne-Thérèse) Hochet (de la Terrerie),* sa femme âgée de 62 ans, demeurant à Mayenne, ayant deux enfants, une fille âgée de 30 ans (Marie-Anne-Louise-Catherine) et un fils âgé de 28 ans (Louis-Augustin). Ledit Lemoine et sa femme mis en état d'arrestation et présentement à Chartres. Arrêtés par mesure de sûreté. Vivant de leur revenu, ayant à peu près 4.000$^{tt}$ de rente.

*Jean Lemarié,* demeurant à Martigné. Ne connaissant ni son âge, ni sa famille. A été amené à notre comité par deux gendarmes qui le rencontrèrent revenant de porter des choux-fleurs à son maître, qui était dans la commune de Laval lorsque les brigands y étaient. Présentement à Rambouillet. Ne connaissant point sa profession, ni sa fortune, ni ses relations, ni son caractère. Dans son interrogatoire, on lui fit un crime d'avoir porté des choux à son maître. Il répondit qu'il se croyait devoir obéir à son maître. Homme borné.

*Jean-Baptiste (Morice de) la Rue,* prêtre, âgé de 35 ans, demeurant à Laval, faisant fonction de vicaire de l'évêque (Villar). Le Comité révolutionnaire de Laval lança un mandat contre lui, le disant fanatique et royaliste, ce que nous n'avons point aperçu lorsqu'il était dans nos murs. Il s'est évadé et est encore en fuite. Prêtre s'étant toujours comporté comme un bon et vrai républicain jusqu'à son départ pour Laval. S'étant des premiers soumis aux lois, n'ayant pas de fortune, ne lui connaissant aucunes relations. D'un caractère doux et affable.

*(Pierre) Cruchet,* âgé de 45 ans, demeurant à Laval, y faisant fonction de vicaire de l'évêque (Villar). Le Comité de Laval lança un mandat d'amener contre lui sur une dénonciation à lui faite par le Comité révolutionnaire de Laval, le disant fanatique et royaliste, ce que nous n'avons point aperçu lorsqu'il était dans nos murs. Il s'est évadé et est encore en fuite. Prêtre s'étant toujours comporté comme un bon républicain jusqu'à son départ pour Laval, s'étant soumis le premier à la loi du serment, n'ayant pas de fortune, ne lui connaissant aucunes relations. D'un caractère doux et affable. S'étant porté à Laval contre les Rebelles.

*Augustine Chabrun,* religieuse de la Visitation de Mamers.

*Anne-Marie* (ou *Renée-Anne*), *Marie-Julie* (ou *Marie-Julienne*) *Le Mesnager* (de la *Dufferie*), deux religieuses de la Visitation de Mamers, sœurs jumelles, âgées de 84 ans, restées par infirmité et vieillesse chez leur belle-sœur, (Hyacinthe-François-Marie Le Mercerel de Chasteloger, veuve de René-Marin Le Mesnager de) la Dufferie.

*Renée Esnault*, religieuse du Calvaire de Vendôme.

Les religieuses ci-après du Calvaire de Mayenne :

Marie-Marthe Fournier, 68 ans.

Jeanne Tabary, 67 ans.

Louise-Suzanne Launay, 56 ans.

Marie-Anne Houdou, 50 ans.

Anne Foret, 46 ans.

Marie (Madeleine) Chevalier, 43 ans.

Marie- (Jeanne-Françoise-Marguerite) Pottier, 42 ans.

Marie (Françoise) Boutrot, 52 ans.

Françoise Foret, 39 ans.

Françoise Lhomer, 37 ans.

Françoise Guihéry, 35 ans.

Anne (Françoise) Palard, 32 ans.

Jeanne (Françoise-Marie) Bignon, 33 ans.

(Marie-) Perrine Leloup, 74 ans.

Anne- (Marie) Bourdon, 42 ans.

Marie- (Madeleine) Chevalier, 43 ans.

Toutes ces religieuses, s'étant trouvées à Mayenne lors du serment exigé par la loi et n'ayant point voulu s'y conformer, ont été incarcérées.

*Marat* (dit aussi *Robespierre*) *Quentin*, garçon âgé de 28 ans, demeurant à Laval. Il fut mis en arrestation par un arrêté de la Commune de Mayenne et par un autre arrêté de la Société populaire de Mayenne en date du 16 nivôse an II (5 janvier 1794). Le comité, après avoir entendu les témoins et fait son interrogatoire, ayant mûrement examiné les dépositions, y ayant trouvé des charges, se résuma par le faire écrouer. Il fut réclamé quelques jours après par la Société populaire de Mayenne et le Comité protesta contre son élargissement. Cependant le Comité envoya deux commissaires vers le citoyen Garnier de Saintes, représentant à Alençon, afin qu'il fît droit à la procédure du citoyen Quentin. D'après les informations faites de la conduite du citoyen Quentin, le Comité a reconnu qu'il était un chaleureux patriote. Sa profession, administrateur du Département de la Mayenne et auparavant maire de la commune d'Ernée. Ne connaissant point sa fortune. Le citoyen Quentin était porteur d'une mission dont le citoyen Bissy l'avait chargé pour accompagner le citoyen Houdiard ; ladite invitation, en date du 11 nivôse (31 décembre 1793), pour se transporter à Vitré, Fougères et Ernée, afin de prendre des mesures pour la destruction des Chouans. Ledit Quentin en a remis l'original. Le Comité, craignant que le bien public n'en souffrît, envoya une députation vers le général Chabot, alors à Laval. Il s'est toujours montré zélé patriote, suivant les rapports qui nous ont été faits depuis cette époque.

*Jacques Baudet*, demeurant à Mayenne, âgé de 44 ans environ, mis en arrestation sur une dénonciation à nous faite comme suspect et fanatique, détenu à Chartres. Son revenu 100# de rente. N'ayant aucune connaissance de ses relations. Son opinion, fanatique et un peu faible d'esprit.

Le nommé *Augustin-Toussaint-Fidèle Hochet* (de la Terrerie), veuf (de Marie-Nicole d'Avrillé), demeurant à Mayenne, ayant pour enfant une fille âgée de 25 ans (Marie-Anne), mariée (à Louis Lemoine), sans enfants. On n'avait pu le faire arrêter, cependant le Comité, ayant été instruit qu'il était dans la commune de Denis-de-Gastines, invita, il y environ huit jours, le Comité de surveillance de cette commune à le faire arrêter, ce qu'il a fait. Il est pour lors détenu à Denis-de-Gastines.

Ex-avoué, n'ayant pu obtenir de certificat de civisme ; pouvant avoir 3.000# de revenu, subdélégué (de l'intendant). Ne connaissant pas ses relations. Ses opinions, fanatique.

(*François de*) *la Broise dit Raizeux*, veuf (de Marie-Rosalie-Pétronille de Marguerite de Raille), âgé de 65 ans environ, demeurant dans la commune de Champgenéteux, ex-noble, mis en état d'arrestation sur une dénonciation comme aristocrate. Maintenant détenu à Chartres. Vivant de son revenu qui est de 400#. N'ayant aucune connaissance de ses relations.

*Tondenier dit Bouchon*, marié, âgé de 30 ans environ, n'ayant qu'un enfant âgé de deux ans, demeurant à Mayenne, mis en arrestation sur une dénonciation du 13 ventôse an II (3 mars 1794), pour avoir troublé l'ordre public. Il a échappé des prisons trois jours après. Ne sachant où il est. Etat de maçon, n'ayant pas de fortune. Ne lui connaissant aucunes relations, mais mauvais sujet.

La (*Rose-Anne-Marie Besnier de Chambray*), *veuve* (*de Joseph-François*) *Dupont* (*de*) *Grandjardin*, âgée de 48 ans ou environ, résidant dans la commune de Sougé, district de Laval, et ci-devant dans la commune de Mayenne, arrêtée par le Comité de Laval sur une invitation à lui faite par nous, ayant été instruits qu'elle résidait dans la susdite commune, étant sœur d'un des chefs des brigands (les chouans) et son mari guillotiné. Vivant de son revenu. N'ayant connaissance d'aucunes relations. Ne connaissant aucune mauvaise qualité. En arrestation, présentement à Mayenne.

*Dufriché des Madeleines*, d'Alençon, arrêté par deux gendarmes et amené au Comité, n'ayant pas de passeport en règle. Le Comité jugea de le faire incarcérer. Le susdit Comité écrivit au Comité d'Alençon pour s'informer de sa conduite, duquel il y eut une réponse défavorable à son sujet. Nous ne connaissons point sa profession, ni son revenu, ni ses relations, ni son caractère, quatre enfants, un garçon âgé de 27 ans, volontaire depuis la Révolution, un second âgé de 14 ans au Collège de Navarre, à Paris, une fille âgée de 19 ans et l'autre de 18 ans. Les deux filles présentement à Sougé, district de Laval, ayant 800$^{tt}$ de rente.

*Jean-Louis-Antoine Richer et Auguste Richer*, son frère, natifs de Caen. Ne connaissant point leur âge, mis en arrestation par ordre du Comité du 30 vendémiaire (21 octobre 1793), n'ayant pas trouvé leur passeport en règle. Le Comité a écrit au comité de Caen et en a reçu une réponse à leur désavantage. Ils se sont évadés lors du passage des brigands (les Vendéens) à Mayenne. Ne connaissant ni leurs professions, ni leurs relations, étant éloignés de 20 lieus de notre commune.

*Pierre-René-Charles (de) Montpinçon*, veuf, âgé de 41 ans, demeurant à Mayenne, ayant 3 enfants garçons, l'aîné âgé de 19 ans, le cadet âgé de 18 ans, le jeune âgé de 15 ans; mis en arrestation par mesure de sûreté et croyant qu'un de ses fils était émigré, mais depuis il a produit un certificat de résidence : en conséquence détenu chez lui comme ayant des attestations de médecins qui confirment n'avoir pas sa tête à lui, vivant de son revenu, ayant à peu près 8.000$^{tt}$ de rente. Ne connaissant en lui aucunes mauvaises relations, ni liaisons. Son caractère, lunaire.

Fait et arrêté (et clos) en Comité permanent le 5 germinal l'an second de la République une, indivisible et impérissable.

Suivent les signatures des membres sus-désignés du Comité.

## W

RENOUVELLEMENT DES FONCTIONNAIRES [1]

Egalité, Liberté, Unité.
Gouvernement Révolutionnaire.
République française.
La liberté ou la mort.

Au nom du peuple français,

Les Représentants du peuple délégués dans les départements de la Mayenne et de l'Ille-et-Vilaine,

Vu la loi du 14 frimaire dernier (4 décembre 1793).

Considérant que l'établissement provisoire du Gouvernement révolutionnaire, qu'ils sont chargés d'organiser dans le département de la Mayenne et celui d'Ille-et-Vilaine, est l'opération la plus importante dont ils doivent s'occuper, puisque c'est ce gouvernement seul qui peut conduire les Français au comble de cette félicité parfaitement stable que lui promet et lui assure à jamais une constitution vraiment républicaine, dont la marche, outre qu'elle serait dangereuse dans ce moment de crise où des factions liberticides se succèdent si rapidement, devient absolument impossible au milieu des agitations, sans cesse renaissantes, et des entraves sans nombre que la malveillance et l'aristocratie, qui empruntent alternativement tous les masques, disposent souvent, avec un funeste avantage, pour reculer le terme de la Révolution, en égarant le peuple sur ses véritables intérêts ;

Considérant que, né au milieu des orages, le Gouvernement révolutionnaire doit avoir l'activité de la foudre, qu'il faut que l'action soit rapide, forte, que tout

1) V. tome I, page 328.

marche de front et dans un ensemble qui doit naître de la même activité, de la même force, des mêmes principes, que les fluctuations continuelles, l'instabilité prolongée du Gouvernement, ouvrage d'une faction criminelle qui vient enfin de recevoir le prix dû à ses forfaits, exigent un mouvement prompt et vaste qui lui donne enfin son aplomb, qu'il ne faut pas donner aux conspirateurs le temps de réfléchir, aux bons citoyens le temps de désirer, que, semblable à l'astre qui brûle et dessèche les productions inutiles et nuisibles alors qu'il mûrit les moissons, le Gouvernement révolutionnaire doit porter la vie aux patriotes, aux traitres la mort.

Considérant enfin que, pour parvenir au Gouvernement, l'épuration des divers corps administratifs, tribunaux et autres autorités constituées est un préalable absolument indispensable à la réorganisation du tout.

Après avoir consulté le vœu des commissaires nommés par la Société populaire de Mayenne et provoqué celui du peuple en masse convoqué à cet effet pour entendre la lecture de la liste des citoyens désignés et appelés aux fonctions publiques,

Les Représentants du peuple arrêtent, en vertu des pouvoirs qui leur sont délégués par la Convention nationale, que le Conseil général de la commune de Mayenne sera et demeurera provisoirement composé des citoyens ci-après nommés ; savoir :

Quinton, le jeune, remplacera le citoyen Jacquier dans la place de maire.

Jacquier, en qualité d'officier municipal, Prunier, Papouin, Viel-Desprès, Morice fils, Grosse, perruquier, continueront d'exercer les mêmes fonctions.

Voile, médecin, remplacera provisoirement le citoyen Merel aîné, comme membre du Comité révolutionnaire.

Tanniot-Monroux remplacera le citoyen Etienne Gasseau, nommé directeur de la Maison d'hospice.

Marin Chevrinais, membre du Conseil de la commune, remplacera le citoyen Simon Havard, qui passe au Conseil de la commune.

Prieul, agent national, continuera d'en remplir provisoirement les fonctions.

Davoine, secrétaire, continuera d'en remplir les fonctions.

Le Ray dit Gerbaud, Cottereau, Cousin-Dubourg, Cherbonnel, Brou et Carré, tailleur, continueront d'exercer les fonctions de membres du Conseil de la commune.

Bourdin, marchand, remplacera le citoyen Girard, juge de paix.

Legoué, père, remplacera le citoyen Pannard.

Sillardière remplacera le citoyen Dutertre, aîné, juge du Tribunal.

Coulon, le jeune, remplacera le citoyen Edon, absent et fugitif.

Esnault, marchand, remplacera le citoyen Lair-Lamotte, président du Tribunal.

Hédou-Lalande, fils, remplacera le citoyen Collin, nommé au Comité révolutionnaire.

Pottier, menuisier, remplacera le citoyen Morice, père, assesseur du juge de paix.

René Merel remplacera le citoyen Leclerc, juge du Tribunal.

Havard remplacera Marin Chevrinais, nommé officier municipal.

Aubin, père, marchand, remplacera le citoyen Nonclair, juge de paix.

Etienne Gasseau remplacera le citoyen Viel, marchand, membre du Tribunal révolutionnaire.

Tessier, cordonnier, remplacera le citoyen Bourdelot.

Ferré, greffier de police correctionnelle, continuera d'en exercer provisoirement ses fonctions.

Etienne Gasseau remplira provisoirement les fonctions d'économe de la Maison d'hospice.

Guimond, aîné, continuera de remplir les fonctions de directeur de la poste aux lettres.

Durand, receveur d'Enregistrement, continuera d'en exercer provisoirement les fonctions.

Gendronneau remplira les fonctions de garde magasin du Timbre.

Leudière continuera de remplir les fonctions d'instituteur public.

Le présent arrêté sera notifié ce jour aux membres du Conseil général de la commune de Mayenne par le représentant du peuple ; il sera de suite publié et affiché partout où besoin sera, pour que les citoyens aient à s'y conformer.

Fait et arrêté, à Mayenne, le 15 prairial an II (3 juin 1794), de la République Française une et indivisible.

*Signé :* Le Représentant du peuple, François ; — par commission, Le Roul ; — Vauvert, secrétaire.

X

I. — PORTRAIT DE VOLCLAIR
PAR BRILLAULT-BEAUCHAMPS [1]

Lassay, ce 24 pluviôse an III (12 février 1795).

Je vois, citoyen, par mon journal du 18 de ce mois, que l'Administration du département de la Mayenne a dénoncé à la Convention nationale la circulaire du féroce Volclair, ci-devant accusateur public de la Commission révolutionnaire.

[1] V. tome I, page 334.

J'ai remarqué également qu'à la suite de la période il est dit qu'un membre a observé que Volclair était arrêté ainsi que plusieurs de ceux qui composaient la commission et qu'on avait applaudi.

Je ne puis me persuader que le membre dont il est parlé ait pu dire à l'assemblée que Volclair fût arrêté. Je craindrais que le mot *il est arrêté* n'ait été lâché au hasard et pour faire diversion ou faire oublier cet infâme Volclair. Le Département ne peut ignorer la proscription de ce voleur public. Le fait est que Volclair a été vu encore ces jours derniers aux environs de Lassay, que sa retraite est dans les environs, que le bruit public est qu'il est à la tête d'une horde de brigands comme lui, que des patrouilles ont été dans la commune de Charchigné dépendant de ce district pour l'arrêter et que ces patrouilles ont dit qu'elles l'avaient manqué différentes fois, qu'on a trouvé dans sa retraite son ancienne servante, ses hardes, etc. ; et cela a été dit et fait ces jours derniers.

Le fait est que le scélérat a abusé de tous les pouvoirs dont il avait eu l'adresse de se faire revêtir, étant en même temps Commissaire investi des pouvoirs de la Convention à Lassay, maire de Lassay et curé, membre du Comité de surveillance, Commissaire pour les grains et ensuite accusateur public de la Commission, puis, revenu à Lassay commissaire pour les grains encore et dépositaire infidèle des vols commis dans le district sous le titre d'emprunt forcé qu'il allait lui-même chercher la nuit, à main armée, et dont il n'a rendu aucun compte.

Il n'est pas, citoyens, que l'Administration du département n'aie déjà grande connaissance de l'immoralité de Volclair. Il était du devoir même de ce district, de la municipalité d'en informer le département (peut-être l'ont-ils fait) ainsi que de tous ses complices.

Je penserais, citoyen président, que sur ce que je te

mande de confiance, le Département pourrait s'informer officiellement au district de Lassay de la prétendue arrestation de Volclair.

Il peut se faire que cet homme inique ait encore ici et ailleurs des protecteurs, qui auraient peut être intérèt à ce qu'il ne fût pas arrêté. Ce serait cependant un grand service rendu à l'humanité s'il l'était.

Mon intention était d'écrire cette observation à la Convention nationale, mais j'ai réfléchi que si l'arrestation désirée n'est pas effectuée ailleurs qu'ici, le Département est la voie légale pour informer la Convention directement, car aucun bruit de l'arrestation de Volclair ne s'est répandu dans ce district.

Si tu crois, citoyen, que cet avis soit d'un intérêt particulier pour la chose publique, je crois m'acquitter par là du devoir d'un honnête et vrai républicain ; c'est dans ce sentiment que je m'empresse de t'instruire en t'assurant des sentiments de fraternité les plus sincères.

*Signé :* Grilleault-Beauchamps [1].

## II. — REFUS DE CERTIFICAT DE CIVISME A CLÉMENT, ANCIEN PRÉSIDENT DE LA COMMISSION RÉVOLUTIONNAIRE

*Extrait du procès-verbal de la Municipalité d'Ernée du 4 nivôse an III de la République Française, une et indivisible (24 décembre 1794).*

La Municipalité d'Ernée et son conseil extraordinairement assemblés au lieu ordinaire de ses séances,

La dite municipalité statuant sur la demande de certificat de civisme fait par le citoyen Clément, notaire public,

---

(1) Volclair fut arrêté le jour où cette lettre était écrite. Il profita de l'amnistie accordée aux terroristes.

Jean-Baptiste Grilleault-Beauchamps avait été administrateur des biens de la seigneurie de Lassay.

Les citoyens Renault, maire, Terrier, Delalande, Dupont, Lejariel, officiers municipaux ; Gautier, Crespin, Jousse, Cicaille, notables, ont déclaré refuser de consentir à la délivrance dudit certificat de civisme dudit citoyen Clément, motivé sur ce qu'il a été destitué de la place de président de la Commission révolutionnaire par le Représentant du peuple François et que d'ailleurs plusieurs membres du tribunal sont aujourd'hui en arrestation ou en fuite.

Les citoyens Guyard, Boullier et Guignot, officiers municipaux, Godeau, Vaugeois et Poirier ont voté pour l'admission dudit certificat de civisme.

Fait et arrêté lesdits jour et an.

Le registre est signé : Renault, maire, Le Jarriel, Guignot, Dupont, Guyard, Boullier, Terrier, Gautier, Crespin, Vaugeois, Poirier, Cicaille, F. Jousse, Godeau.

Pour extrait conforme au registre.

*Signé :* Guyard, off. municipal ; Clouard, S. G.

Cet extrait de procès-verbal fut apostillé par Clément, lui-même, dans ces termes :

« On avait comme à l'ordinaire voté par pois noirs et blancs ; la majorité était pour l'admission. Cicaille s'éleva contre, et, après une chaude discussion, on fut aux voix, et la tournure oblique de ses yeux en imposa, de manière qu'on n'osa plus voter en ma faveur et que les pois blancs furent changés en noires signatures. Je tiens ce fait de trois membres » (1).

---

(1) Par son arrêté du 2 nivôse an II (l'an premier de la mort du tyran) le Représentant du peuple Bourbotte avait choisi comme membre de la Commission révolutionnaire de la Mayenne, « les citoyens Jean Clément, « juge de paix à Ernée (qui fut aussi notaire, marchand de draps) pour les « fonctions de président ; — Jean-Baptiste Volclair, maire de Lassay (ancien « curé de cette ville), pour accusateur publique ; — les citoyens René Pan- « nard, marchand, (maréchal-ferrant) à Mayenne et membre du Comité « de surveillance de cette ville ; Jean François-Marie Colinière, Juge de « paix à Juvigné (qui fut maire de la Croixille, notaire, commandant de

## Y

### Fête de la mort de Louis XVI [1]

Aujourd'hui premier pluviôse l'an quatre de la République Française, une et indivisible (21 janvier 1796).

Nous, Jean-Baptiste Desbarbès, — seul membre de l'Administration municipale de la commune de Mayenne, — les citoyens Dutertre (Pierre) et Jacquier (René-Marie), deux des autres membres, ce dernier à Paris et le premier en route pour s'y rendre pour leurs affaires, et les citoyens Chevalier (Julien-Jacques) et Lair (Claude-Louis), l'aîné, aussi deux des membres de cette administration, ayant été nommés par le Directoire exécutif, savoir : le citoyen Chevalier à la place de commissaire près cette administration, et le citoyen Lair aussi commissaire près la police correctionnelle ;

En exécution de la loi du 21 nivôse de l'an 3, portant que la juste punition du dernier roi des Français sera célébrée par toutes les communes de la République et par les armées de terre et de mer,

Nous avons fait préparer, le jour d'hier, dans la promenade du ci-devant château, un autel de la Patrie pour y célébrer cette fête,

Et, d'après les invitations que nous avons fait donner, tant au Commandant de la force armée cantonnée à Mayenne qu'au Commandant de la garde nationale de cette commune, ainsi qu'à tous les fonctionnaire publics résidant en cette commune, et les proclamations que

« la Garde nationale) ; Michel Faur, officier municipal, imprimeur à « Laval, pour juges, — et le citoyen Guilbert, procureur de la commune de « Laval (prêtre apostat) pour secrétaire-greffier ».

[1] V. tome I, page 336.

nous avons fait faire pour avertir tous les citoyens de cette commune de se trouver à ladite fête,

Nous nous sommes rendus, ce dit jour, sur les trois heures de relevée, en présence des citoyens Chevalier, commissaire exécutif près cette administration, Bissy (Jacques-Augustin), père, président du canton de Mayenne, Lepescheux (François-Jean), fils, commissaire exécutif près le canton, en assistance d'Antoine Gougis, secrétaire de cette municipalité, et accompagné des chefs de la force armée, de la troupe stationnée à Mayenne, du commissaire des guerres, de la garde nationale sous les armes et des fonctionnaires publics résidant en cette commune, précédés de la musique et des tambours en jouant l'air *Çà ira* et l'hymne des Marseillais, à la promenade du ci-devant château, devant l'autel de la Patrie, lieu de la réunion de tous les citoyens,

Où étant arrivés, après avoir prononcé un discours analogue à la fête, un autre discours prononcé par le citoyen Camus, commandant la force armée, aussi analogue à la fête,

Avons, en présence du peuple assemblé, fait la déclaration suivante :

« Nous jurons que nous sommes sincèrement attachés à la République, que nous vouons une haine éternelle à la royauté ».

Et, après avoir prononcé la même déclaration à tous les fonctionnaires publics et salariés par la Nation, présents, ils ont tous répété individuellement le même serment.

De tout quoi a été rédigé le présent procès-verbal, en exécution de l'arrêté du Directoire exécutif du 24 nivôse dernier qui ne nous est parvenu qu'au moment de notre départ, et dont nous avons donné lecture en présence du peuple assemblé, avant de prononcer le serment ci-dessus prescrit.

Et seront, conformément audit arrêté, les noms des fonctionnaires publics et salariés par la Nation, présents, ainsi que le nom des absents, transcrits à la suite des présentes.

Suivent les noms des fonctionnaires publics et salariés par la Nation, présents :

Le citoyen Puisard (Michel), juge du Tribunal civil du département et directeur de la police correctionnelle à Mayenne.

Lair (René-Augustin), l'aîné, commissaire près la police correctionnelle.

Grosse-Durocher (François), conservateur des hypothèques.

Guimond (Augustin), greffier de la police correctionnelle.

Gasseau (Julien), l'aîné, commis greffier de la police correctionnelle.

Lair (René-Augustin), le jeune, juge de paix de la 1$^{re}$ section de Mayenne.

Dubois (René), greffier du juge de paix de la 1$^{re}$ section.

Girard, juge de paix de la 2$^e$ section.

Duhail (Ambroise), le jeune, greffier du juge de paix.

Levêque, receveur des domaines nationaux.

Durand, receveur des droits d'enregistrement.

Durand, fils, vérificateur des assignats.

Cousin-Dubourg (Joseph-Louis), conducteur principal des travaux publics.

Cheminant (Jean-Baptiste-Zacharie), membre du haut juré.

Guimond (des Riveries), directeur de la poste aux lettres.

Esnault, receveur du ci-devant district.

Gasseau (Etienne), économe de la maison d'hospice de Mayenne.

Richer (René), maître de poste.

### Assesseurs des Juges de Paix

Leclair (Daniel).
Dubois-Despoulains.
Mahé (Charles-René), marchand.
Coullon, le jeune.
Chevrinais, marchand.
Viel-Desprès (Jean), marchand (hôte au Dauphin).
Leloup, marchand.
Collin (Pierre), tisserand.
Viel (Jacques), marchand de draps.

### Notaires publics

Bécannière (Jean-Baptiste).
Cherbonnel (François-René).
Coignard (René).
Duhail (François).
Sauquet (Jacques-Julien).
Davoynes (Louis-Joseph).
Lebrun.
Lambleux.
Levayer (Julien), notaire pour Marcillé.

### Officiers de santé

Ponthault (André-Jean-François), de Mayenne,
Le Maire, du Pas.

### Refugiés « à Mayenne, dans la crainte des chouans »

Thuaut (Louis), du canton de Chantrigné.
Moussay (Jean), du canton de Champéon.
Oger, notaire, de la commune de Chantrigné.
Pattier, notaire, de la commune de Brée.

Chasle (Charles - René - Jean - Baptiste), notaire, de Hambers.

Laigre-Tournerie (François), juge de paix du canton de Fraimbault-de-Sulpice *(sic)*.

Lefaux (Julien-René), principal du collège de Jublains.

### Instituteurs

Chantepie (B...).

Ripault.

Richer.

### Huissiers

Hay (Joseph), huissier du juge de paix de la 1re section.

Michaud, huissier du juge de paix de la 2e section.

Rabarot (Jacques), huissier.

Doyen, huissier.

Leray (Pierre-François), l'aîné, ex-secrétaire du district et notaire public.

Meslay (Martin), concierge.

### Commis employés à l'Administration municipale

Michau (Ours-Bonaventure), adjoint du secrétaire.

Leray (Jean-Baptiste), le jeune, employé à la partie militaire.

Gaudinière (René-Jean-Baptiste-Désiré), employé au logement des troupes.

Lacour, employé à l'expédition des arrêtés et avis de l'administration.

Sénéchal, trésorier de la municipalité.

Suivent les noms des fonctionnaires publics et employés salariés par la Nation, qui se sont trouvés absents :

Bourdon (Louis-Pierre), notaire, malade.

Leray (Pierre-François), père, notaire, en campagne.

Morice, directeur des messageries, malade.

Vallin, garde magasin des fourrages, en campagne.

Decain, garde magasin des vivres.

Legrand, employé aux subsistances militaires, section de la viande.

Duradier (Martin), ingénieur des Ponts et chaussées.

Lambert, assesseur du juge de Paix, malade.

Après quoi, la fête s'est terminée par des chansons analogues à la fête et par des acclamations de « vive la République ».

Ensuite la musique et les tambours se sont mis à jouer l'air *Çà ira*.

Après quoi, nous nous sommes rendus, dans le même ordre, à la Maison commune, accompagnés de la force armée et de la garde nationale, précédés de la musique et des tambours qui ont continué de jouer des airs analogues à la fête.

Et étant arrivés au-devant de la Maison commune, nous avons invité les citoyens et citoyennes à la danse, qui s'ouvrira cejourd'hui, à huit heures du soir.

Fait et arrêté les jour et an que dessus.

Suivent les signatures :

Desbarbès, officier municipal ; Chevalier, commissaire exécutif ; Cl. Lair, commissaire exécutif ; Michel Puisard, directeur du jury ; Bissy, père ; Lebrun ; Duhail ; Leray, fils aîné ; Michau ; Mahé ; Gaudinière ; Lambleux, fils ; Davoynes, notaire ; Lacour ; Le Ray ; J.-B.-Z. Chéminant, haut juré ; Guimond ; Leclair ; Hay ; R. Richer, maître de poste ; Levayer, notaire ; Mellay ; Rabarot ; Lemaire, officier de santé ; Pattier, notaire public ; Gasseau, aîné ; de la Bécannière ; Cousin-Dubourg, conducteur principal des Ponts et chaussées ; Cherbonnel, notaire public ; Lambleux, notaire ; René Chevrinais ; Dubois, greffier de paix ; Doyen ; Coignard, notaire public ; Gasseau ; Grosse-Durocher ; Sénéchal, receveur ; R. Lair, juge de Paix ; Richard,

l'aîné ; Collin ; F. Laigre-Tournerie ; P. Despoulains ;
Guimond ; F. Leloup ; Esnaut, l'aîné ; L. Thuaut ;
Girard ; Levêque ; B. Chantepie ; Laigre-Tournerie ;
J. Viel ; Moussay ; Chasle, notaire public d'Hambers ;
Durand, vérificateur des assignats ; Coullon ; Durand ;
Duhail, notaire ; Sauquet ; Le Pescheux, commissaire.


## Z

### Discours prononcé par Pottier a la fête des époux du 10 floréal an VI (*29 avril 1798*) [1]

Citoyens,

Intimement pénétrés de la grandeur et de la nécessité
absolue de l'objet de la fête des époux, fête dont le législateur en a sagement prévu la célébration annuelle, il
est de notre devoir d'exécuter, le plus qu'il sera en nous,
le contenu de l'arrêté du Directoire exécutif, en date du
27 germinal dernier, arrêté qui détermine la manière
dont cette fête sera célébrée.

La nature, cette dispensatrice invariable des fonctions
individuelles de l'homme, a inspiré, d'une manière
irrésistible pour l'un et l'autre sexe, un goût, un penchant pour s'unir par les liens du mariage, institution
salutaire et sacrée, principal fondement et première
cause peut-être de l'ordre social. Les anciens ont sagement senti l'importance de cette institution, puisqu'ils
accordaient des récompenses et même des privilèges
très étendus aux citoyens mariés, surtout à ceux qui
avaient plus de droits à la reconnaissance de l'Etat par
leur grand nombre d'enfants. Le législateur français en
instituant cette fête a voulu faire revivre les beaux pré-

(1) V. tome I, p. 343.

ceptes des anciens sages de la Grèce et de Rome, préceptes qui, calculés par nos grands hommes modernes, ont enrichi notre morale d'une vérité et d'un avantage que, depuis 18 siècles, la superstition, l'ignorance et le fanatisme avaient proscrits. En effet, à entendre nos prédicateurs à gages d'absurdités monstrueuses, le célibat n'était-il pas une vertu ? N'avaient-ils pas formé des établissements où, par le fait, ils reconnaissaient que le vrai chemin du bonheur, de la vie future ne pouvait être atteint que par une abstinence absolue de l'exécution des premières idées qui viennent à l'être pensant et raisonnable.

O principes éternels de raison et de justice ! Qu'il était temps que vous fussiez unis un jour pour, à juste titre, punir le crime et récompenser la vertu opprimée par la scélératesse, l'ambition et le fanatisme ! La France républicaine a détruit ces réceptacles où s'engouffraient le profit des sueurs du pauvre malheureux qui, pour sauver les mânes d'un ami ou d'un parent, allait y verser à pleines mains l'or qu'il aurait pu garder pour élever sa famille et même l'augmenter, où le père léguait à perpétuité des fonds qu'il enlevait à sa famille et que quelquefois il rendait malheureuse pour soutenir la chasteté présumée d'hommes qui se riaient communément de la bonne foi et de la crédulité des ignorants. Liberté sainte ! quel est l'homme assez insensé pour oser encore soutenir et contrarier les bienfaits incalculables dont tu as couvert notre patrie ! Tant de victimes condamnées à la nullité, à l'emprisonnement, même aux sombres cachots, ne les as-tu pas fait jouir, depuis notre sublime révolution, de tous les avantages des autres citoyens ! N'as-tu pas arrêté un débordement réuni de crapule, de luxure et, en un mot, de tous les vices inimaginables ? N'as-tu pas enfin proscrit le célibat et rendu à la société des personnes des deux sexes qui depuis longtemps lui étaient non seulement inutiles mais même à charge? La saine raison et la vérité te doivent cette victoire signalée sur ces préjugés depuis si longtemps imprégnés dans le cerveau de certains personnages ; maintenant on peut regarder comme un acte méritoire le mariage que naguère on regardait comme un acte très ordinaire. Les lois régénératrices de la France viennent à l'appui de ce que nous avançons. Il ne nous reste plus maintenant qu'à démontrer les avantages et les devoirs réciproques des deux époux.

L'homme avant le mariage a très souvent un caractère dur, froid, indifférent, uniquement occupé de lui-même, mais il perd tous ces défauts dès qu'il a pris une compagne qui, nécessairement doit lui fléchir son caractère et le rendre plus apte à avoir soin des autres que de lui-même. Ce penchant d'être utile doit encore s'augmenter par la tendresse paternelle pour élever ses enfants. Alors, il doit se regarder comme un vrai membre de la grande famille et avec sa digne moitié jouir paisiblement. En contemplant les fruits de son union, il doit se ressouvenir des préceptes sages que son père a pu souvent lui apprendre, préceptes gravés dans tous les cœurs et tracés, en outre, plutôt par la nature que par l'usage et les lois. Il doit toujours avoir présent à la mémoire que l'oisiveté est la mère de tous les vices, qu'il est d'une nécessité indispensable, quand bien même la fortune le mettrait à l'abri du travail, d'être utile d'une manière quelconque à la société. La société ne regarde comme de vrais membres que celui ou ceux qui tendent par leurs travaux au perfectionnement de l'ordre public et au bonheur de leurs semblables. Deux époux, pénétrés de ces vérités et les mettant à exécution, ne manqueront jamais, par exemple, d'élever leur famille dans les principes que la société réclame. Ils auront le plaisir dans leur vieil âge de voir prospérer dans la vertu leurs enfants, à qui ils auront inculqué dans le caractère d'agir comme ils ont agi eux-mêmes. Quelle belle perspective pour le père de famille, au lieu que le célibataire ne voit que lui, ne pense qu'à lui, et, comme un vrai égoïste, ne s'embarrasse que de son bonheur particulier.

Grâces à jamais vous soient rendues, auteurs de la subversion du préjugé monacal ! Salut à vous, victimes saintes, qui, délivrées des fers de la chasteté, vous êtes vengées des auteurs de tous vos maux, en exécutant ponctuellement les lois de la nature ! vous bénissez maintenant la main qui a mis en œuvre les beaux rêves de nos philosophes, que dans les temps affreux de la barbarie on regardait comme des monstres à face humaine. Vous joindrez maintenant vos efforts aux nôtres pour féliciter nos législateurs d'avoir ordonné une fête pour une institution aussi salutaire et pour prouver aux incrédules qu'il est de l'intérêt des mœurs, de celui de la République, que, par l'effet des mariages nombreux, les familles se multiplient, que le dégoût pour le mariage est toujours un indice certain de la corruption des mœurs, et que nous ne devons cesser de rappeler à nos concitoyens que la vie est un bien qu'on ne reçoit qu'à la charge de la transmettre, une substitution qui doit passer de race en race et que quiconque eut un père est obligé de le devenir [1].

(1) La municipalité de Mayenne paya 16ᵗ, à titre de dépense patriotique, le 29 floréal an VI (18 mai 1798), « à Yvain, jeune, hôte, pour 8 bouteilles de vin rouge à 1 fr. la bouteille et 8 bouteilles de vin blanc à 15 sols la bouteille et pour 2 fr. de torquettes, qu'il avait fournies aux différents citoyens et citoyennes qui avaient accompagné l'Administration municipale à la célébration de la Fête des époux ». Cette fête des époux avait été instituée par la Convention en 1795.

## A'

ARRÊTÉ CONCERNANT LA FÊTE DE LA PRISE
DE LA BASTILLE [1]

*Séance du 21 messidor an VIII (14 Juillet 1800)*

Les maire et adjoints de la commune de Mayenne,
réunis au lieu ordinaire de leurs séances ;

Considérant que l'époque mémorable du 14 juillet est
chère à tous les amis de la Liberté, que ses bienfaisants
résultats ne peuvent manquer de se faire sentir dans un
moment surtout où l'olivier de la concorde a remplacé,
dans les contrées de l'ouest, le cyprès de la guerre inté-
rieure ;

Que le Gouvernement, en faisant coïncider la célébration de l'heureux jour qui assura les droits du peuple
avec celle de l'union de tous les français, présente un
ensemble tout à la fois majestueux et imposant, digne
d'une nation grande, libre et éclairée ;

Qu'il appartient à ses magistrats de donner à cette
double fête toute la pompe et la solennité possible ;

Arrêtent le programme suivant :

Art. 1er. — Le 25 de ce mois, à cinq heures du matin,
une salve d'artillerie annoncera la fête de ce jour.

Art. 2. — A midi la générale battra l'assemblée à une
heure, le rappel à deux. La Garde nationale sera assemblée à deux heures précises sur la place de la Liberté
(place Louis-de-Hercé), en face la Maison commune. Les
autorités civiles et militaires se trouveront à la mairie,
lieu désigné pour la réunion.

Art. 3. — Les gardes nationaux sédentaires et en
activité, assemblés en armes et en grande tenue, se range-

[1] V. tome I, page 345.

ront en deux lignes parallèles. La musique et les tambours iront en suite d'une section de grenadiers qui ouvrira la marche. Les militaires invalides formeront immédiatement une autre section, qui sera en tête des autorités.

Art. 4. — A deux heures du soir, le cortège partira de la Maison commune, dans l'ordre qui suit :

Le Sous-préfet, qui présidera la fête, marchera, ayant à sa droite le maire, à sa gauche le commandant de la force armée de l'arrondissement.

Ensuite, les adjoints et secrétaire de la mairie.

Les membres du Conseil municipal.

Le Tribunal civil et la Justice de paix.

Les avoués et les notaires publics.

Le receveur des contributions de l'arrondissement.

L'inspecteur et les receveurs de l'Enregistrement et du Domaine national.

Les commissions administratives des hospices.

La commission de santé.

La marche sera terminée par une section de chasseurs et la gendarmerie à cheval.

Le cortège sortira dans cet ordre de la mairie et se rendra au Champ de Mars (Champ de foire de la Madeleine), lieu désigné pour la célébration de la fête.

Lorsqu'il y sera parvenu, le citoyen Chevalier, sous-préfet, commencera la cérémonie par un discours analogue, à la fin duquel la musique exécutera des airs civiques.

Art. 5. — Le citoyen Baguelin, président, prononcera un discours, qui sera suivi de différents chants patriotiques.

Art. 6. — La cérémonie terminée, le cortège se dirigera dans le même ordre de marche vers la promenade de la ville (jardin du château) et, après avoir parcouru son enceinte, s'arrêtera au centre. Les gardes nationaux, rangés en bataille, environneront les autorités.

Art. 7. — Un orchestre sera placé sous l'ombrage des tilleuls, et les jeunes amateurs commenceront leurs danses.

Art. 8. — Le cortège se rendra ensuite, suivant l'ordre établi, à laMaison commune.

Art. 9.— Il y aura, à neuf heures précises, une illumination générale qui sera ordonnée et annoncée par trois coups de canon.

Art. 10. — Pendant toute la journée, tous les citoyens devant prendre part à cette fête auguste, tous les travaux seront suspendus, les magasins, boutiques et ateliers fermés, sauf aux contrevenants à être punis suivant la disposition de l'art. 605 du code des délits et des peines, et à celles de l'art. 8 de la loi du 17 thermidor an VI.

Art. 11. — L'exécution des précédents articles est particulièrement confiée au commissaire de police, qui rendra compte à la mairie des infractions qui auraient lieu.

Art. 12. — La gendarmerie veillera à ce que les citoyens observent le silence et se tiennent dans le respect dû à leurs magistrats.

Fait et arrêté à la Maison commune de Mayenne, lesdits jour, mois et an.

## B'

SATIRE RÉPANDUE A MAYENNE LORS DE LA MISSION
DE 1816 [1]

*Le mécréant disait :*

Que, plein de la grâce efficace,
Notre maire très révérend,
Esprit fort (pour la foi s'entend),
Plante la croix sur notre place ;
Qu'à la voix de maître Caillard
Et du saint père Boniface
Notre gros curé nazillard,
Suivant la troupe évangélique
Ainsi qu'un digne catholique,
Il se range avec dignité
Sous l'étendard missionnaire
En marmottant un gros rosaire,
Par l'ardent Chanon brigitté,
Avec la sainte confrairie,
Où, sans oublier le bedeau,
La sœur Couillard et compagnie,
Brillent d'un éclat tout nouveau,
Et ces charmantes cantatrices
Conduites par l'abbé Poupin
Qui, avec ardeur, soir et matin,
Exerce ces jeunes novices
A chanter au Dieu tout puissant
De mélodieuses prières,
— Convenez, ô mes très chers frères,
Que rien n'est plus édifiant.
Si quelque mécréant indigne,
Argumentant de sa raison,
Sur tout cela glose et réchigne,

1) V. tome I, p. 351.

Je le tiens gibier du démon.
Malheur à quiconque raisonne.
Nos saints docteurs et la Sorbonne
Disent qu'il faut pour se sauver
Et tout croire et tout ignorer.
O fatal arbre de la science,
Tu fus la source du péché ;
Ton fruit perdit notre innocence,
Adam s'en étant alléché ;
Mais du Très-Haut la prévoyance,
Du mal sentant l'infinitif,
Pour servir de préservatif
Fit croître l'arbre d'ignorance
Qui bientôt des fleurs produisit,
Et, de ces fleurs, la foi naquit, —
Fruit merveilleux qui sur la terre
Fait qu'un ignare est un docteur,
Que la science n'est qu'erreur
Et le bon sens une chimère.
O vous, qui de ce divin fruit
Savourez la douce pâture,
Vous, Chanon, Chapelle, Roubis
Et autres de même nature
Revenez et ne tardez pas
Rejoindre ici tous vos béats,
Que de cet aliment céleste,
Dont les avez fort alléchés,
Pour toujours le goût leur en reste,
Que par vos charmes détachés
De tous les biens de ce monde,
Qui ne font que les abuser,
Venez donc les débarrasser
De leur argent, métal immonde,
Qui fait la perte des humains,
Et, par un attrait invincible,
Comme un aimant irrésistible,
L'attirer dans vos saintes mains.

*Le croyant répondait :*

Que plein de malice et d'audace,
Certain monsieur bien impudent,
Esprit fort, homme à grand talent,
Poursuive la croix et la chasse,
Que la voix d'un gros égrillard,
Qui n'est rien moins que Boniface,
Un grand connaisseur... au billard,
Célèbre et connu par sa crasse,
Fidèle à son humeur caustique,
Aussi probe que catholique,
Critique le corps missionnaire
Et notre respectable maire,
C'est bien agir en déhonté.
Fi de la sotte cotterie
Où, sans oublier griponneau,
Frère pillard et compagnie
Brillent d'un éclat tout nouveau.
Honneur aux chastes cantatrices
Conduites par l'esprit divin,
Qui s'adonnaient, soir et matin,
A de purs et saints exercices
Pour chanter au Dieu tout-puissant
De mélodieuses prières.
—Convenez, ô mes très-chers frères,
Que rien n'est plus édifiant. —
Si quelque mécréant indigne,
En abusant de sa raison
Contre la foi glose et rechigne,
C'est un partisan du démon...
Tu dis : *malheur à qui raisonne.*
Là tu fais parler la Sorbonne.
Elle a bien dit pour se sauver
Il faut tout croire et adorer.
L'arbre fatal de la science
Fut bien la source du péché.
Son fruit perdit notre innocence

Alors qu'Adam en eut goûté ;
Mais du Très-Haut la Providence,
Du mal connaissant les progrès,
Pour en arrêter les excès,
Nous imposa la pénitence
Qui bientôt des fleurs produisit,
Et de ces fleurs la foi naquit, —
Fruit merveilleux, qui sur la terre,
Fait qu'un fidèle est un docteur,
Que sans la foi tout n'est qu'erreur
Et le reste n'est que chimère…
O vous, qui de ce divin fruit
Savourez la douce ambroisie,
Vous, Chanon, Chapelle, Roubis,
Honneur à votre compagnie !
Venez revoir tous les heureux
Et mettre le comble à leurs vœux. —
Oui, par cet aliment céleste,
Nous sommes si fortifiés
Qu'à jamais le goût nous en reste
Pour y demeurer attachés.
Souvent des biens de ce bas monde
On ne fait hélas qu'abuser.
Nous devons les bien employer.
L'argent que tu traites d'immonde
Cause la perte des humains
Si, par un usage nuisible,
Par un abus répréhensible,
Il passe en de mauvaises mains.
Pères très chers, ne tardez plus,
Venez lumières de l'église ;
Mayenne a connu vos vertus,
Nos cœurs sont la terre promise.


## MORALITÉ

Détracteurs de la vérité,
Fidèles échos de Voltaire,
Apôtres de l'impiété,

> Qu'attendez-vous donc pour vous taire ?
> L'affreuse révolution,
> Funeste fruit de vos maximes,
> Ne doit qu'à l'irréligion
> Le débordement de ses crimes.
> Oui, sans la foi point de salut.
> Réfléchissez-y, téméraire.
> Le chrétien n'a point d'autre but,
> Il sait adorer et se taire.

C'

### Le couronnement d'une Rosière [1]

Nous n'avons pas trouvé le cérémonial du couronnement des rosières à Mayenne. On suivait sans doute celui qui était en usage à Saint-Médard de Salency, près de Compiègne, au $v^e$ siècle. Saint Médard, évêque de Noyon, y avait institué la fête de la rosière, en affectant une redevance de 25 livres tournois, qui était donnée, chaque année, à la fille la plus vertueuse de la paroisse. Médard eut la satisfaction de placer le chapeau de roses sur la tête de sa propre sœur. Cette institution n'a cessé d'exister.

Quelques années avant la révolution, le cérémonial du couronnement en usage à Salency fut appliqué non loin de Mayenne, à Passais-la-Conception où l'on couronna une jeune fille d'une grande pureté de mœurs et d'un dévouement rare, Jeanne Closier, qui, pendant de longues années, s'imposa les plus grandes privations pour subvenir aux besoins de sa mère grabataire. Ces deux femmes étaient dans la plus profonde misère, et Jeanne jeûnait pour que sa mère ne manquât pas de

(1) V. tome I, page 352.

pain. La belle conduite de cette jeune fille faisait l'admiration de ses voisins et attira l'attention de membres de la famille royale. En récompense de sa piété filiale, elle fut dotée de cinquante louis par Louis-Philippe, duc de Chartres, Antoine-Philippe duc de Montpensier, et Lucile-Marie-Adélaïde-Eugénie, dite Mademoiselle d'Orléans.

Le dimanche, 6 août 1786, dans une réunion des habitants de Passais, ceux-ci consultés manifestèrent leur approbation du couronnement de Jeanne.

Un mandataire de Louis-Philippe-Joseph, duc d'Orléans, déclara « que Son Altesse voulant contribuer à la bonne œuvre de ses enfants, accordait aux pauvres de la paroisse une somme de 600 livres pour être distribuée par la rosière le jour d'un service qui devrait être célébré pour le repos de l'âme de feu Monseigneur Philippe duc de Chartres et d'Orléans.

Ce service fut fixé au lendemain lundi.

On décida que le mariage projeté de Jeanne Closier avec un honnête jeune homme, François Sallé, aurait lieu le surlendemain mardi.

« Après ces délibérations le couronnement eut lieu de la manière usitée à Salency.

« Un représentant des princes donateurs, suivi d'une foule de paroissiens, vint chercher la bonne fille chez M. le Curé.

« Deux jeunes demoiselles lui présentent et lui attachent un bouquet de roses.

« Elle est reçue à la porte principale de l'église par le clergé en chappe, accompagné de la croix, de la bannière, de l'encens et de l'eau bénite.

« Le curé la félicite.

« Les paroissiens sont sous les armes.

« La maréchaussée, sabre nu, fait escorte.

« Elle et le représentant du duc d'Orléans et de ses

enfants sont placés au milieu du chœur sur un tapis et ont fauteuils et prie-Dieu.

« Avant l'évangile, la couronne est bénie et placée sur la tête de Jeanne.

« Les prières nominales sont pour elle, comme dame et patronne de la paroisse.

« Un discours de circonstance est prononcé et il y est parlé de la distribution de l'aumône que doit faire la rosière.

« Elle et son futur communient à la messe avec édification.

« Après les vêpres, un Te Deum est chanté et les fiançailles sont célébrées.

« Pour finir la journée, la rosière va dans le hameau où sa mère a demeuré et y fait des largesses aux pauvres habitants qui l'avaient assistée dans sa détresse.

« Le lundi Jeanne distribua des aumônes aux pauvres [1], après avoir fait les honneurs du service pour Monseigneur le duc d'Orléans.

« Enfin, le mardi elle est mariée avec François Sallé.

« Tout présage, ajoute le narrateur de la cérémonie, que cette union sera heureuse ».

« L'histoire de Jeanne Closier a été mise en complainte. En voici trois strophes :

> Dieu, dans sa juste balance,
> Pèse les bergers et les rois,
> Dieu, qui punit et récompense
> En suivant d'immuables lois,
> Vient juger la fille et la mère.
> A l'une, s'il ouvre les cieux,
> Il veut que l'autre sur la terre
> Goûte un sort calme et glorieux.

[1] Jeanne Closier disait : « L'argent que je donne m'a fait plus de plaisir que celui qui est à moi. J'en aurais toujours bien gagné. Je sais travailler ». La pauvre fille gagnait 3 sols par jour, quand elle allait en journée.

Trois enfants d'auguste famille,
Du bon Henri trois descendants,
Se font les pères d'une fille,
Digne modèle des enfants.
En la dotant, ils croyaient suivre
Un mouvement d'humanité,
Mais l'Eternel en son grand livre
Les nomme agents de sa bonté.

La paroisse entière désigne
Le sage et fortuné mortel
Qui doit avoir l'honneur insigne
De conduire Jeanne à l'autel.
La vertu dicte et l'amour signe
Leur engagement solennel.
Un tel mariage est bien digne
D'un sourire de l'Eternel.

Le commencement de cette dernière strophe laisse supposer que les paroissiens avaient été au moins consultés sur le choix du mari de la rosière.


D'

LETTRE DE GEORGE-MASSONNAIS [1]

Bordeaux, 19 août 1830.

Mon cher oncle,

Vous aurez sans doute lu dans les gazettes que le bruit courait à Paris et à Bordeaux que votre frère, mon

(1) V. tome I, p. 354. Jean-Baptiste-Amédée George-Massonnais, neveu du cardinal de Cheverus, qui devint vicaire-général du diocèse de Bordeaux, puis évêque de Périgueux et de Sarlat, était né à Saint-Denis-de-Gastines, le 17 avril 1805, du mariage d'Antoine-François George-Massonnais et de Michelle-Françoise Lefebvre de Cheverus. Il était frère de : Antoinette dite Caroline, Françoise dite Fanny, Paulin et Abel-Louis George-Massonnais (V. t. I, p. 3o8).

bien cher oncle, devait être réintégré par le nouveau gouvernement dans les fonctions de pair et que, de plus, il devait être promu à la dignité de grand aumônier de France. J'ai pensé que vous seriez bien aise d'apprendre au plus tôt la conduite que mon oncle va tenir au milieu de si graves circonstances. Voici ce qu'il va faire publier dans les gazettes :

« Sans approuver l'exclusion prononcée contre les
« pairs nommés par Charles X, je me suis réjoui de me
« trouver hors de la carrière politique [1] et j'ai pris la
« ferme résolution de ne pas y rentrer et de n'accepter
« aucune place ni aucune fonction.

« Je désire rester au milieu de mon troupeau et con-
« tinuer à y exercer un ministère de charité, de paix
« et d'union. Je prêcherai la soumission au gouverne-
« ment ; j'en donnerai l'exemple et nous ne cesserons,
« mon clergé et moi, de prier avec nos ouailles pour la
« prospérité de notre chère patrie.

« Je me sens de plus en plus attaché aux habitants
« de Bordeaux. Je les remercie de l'amitié qu'ils me
« témoignent ; le vœu de mon cœur est de vivre et
« mourir au milieu d'eux, mais sans autres titres que
« ceux de leur archevêque et leur ami. »

Ne soyez nullement inquiet de nous. Tout est maintenant ici tranquille et l'a toujours été à l'archevêché. Mon oncle est aimé et respecté, et il est ici du plus grand secours pour le clergé.

Les nouvelles autorités ont pour lui les plus grands égards. Sur le bruit qui avait couru qu'un dépôt d'armes était placé dans les deux séminaires, la Garde nationale devait aller faire une fouille. La parole seule de mon oncle, qui attesta le contraire, arrêta toute recherche et toute fouille.

(1) Lefebvre de Cheverus avait été appelé, en 1826, à siéger au Conseil et élevé à la Pairie.

Les gazettes nous apprennent aujourd'hui que Louis s'est retiré. M^me Desmirail, que nous avions vue avant-hier, nous l'avait appris. Elle aime et estime Louis qui, comme elle l'a dit à mon oncle, se conduisait fort bien à Angers.

Je ne sais si vous êtes aussi tranquille à Mayenne que nous. Je le souhaite, mais souvent les petits endroits sont sujets à plus de troubles.

Vous allez bientôt voir M. Hamon. Il est parti lundi, mais il doit aller, je crois, faire une retraite à la Trappe; il vous donnera de plus amples détails sur tout ce qui nous concerne.

Adieu, mon cher oncle ; mes amitiés à Louis.

Votre neveu tout dévoué,

A. GEORGES.


E'


DÉLIBÉRATIONS CONCERNANT LES INHUMATIONS [1]


I. — Aujourd'hui huit décembre mil huit cent trente sept, conformément à la détermination prise dans la dernière réunion, le Conseil de fabrique de l'église de Notre-Dame s'est réuni au presbytère, lieu ordinaire de ses séances, pour y délibérer sur les représentations faites par monsieur le maire touchant le transport des corps au cimetière. Etaient présents à cette réunion : M. Lefebvre de Cheverus, président ; M. le Maire ; M. Esnault ; M. Goyet-Dubignon ; M. Bourdin ; M. Châtelain ; M. Ledauphin-Dubourg ; M. Grégoire Gougis et M. le Curé ; MM. Tanquerel de Vaucé, Carré et Guesdon n'ayant pu s'y trouver.

[1] V. tome I, p. 358.

La séance étant ouverte, il a été donné lecture d'un arrêté de M. le Maire de cette ville, sous la date du 28 août 1832, portant :

Article premier. — A partir de ce jour, le transport des corps au nouveau cimetière sera fait sur des brancards par les soins des fabriques, qui jouissent seules, d'après l'article 25 du décret du 23 prairial an XII, du droit de fournir les voitures, tentures, ornements, et de faire généralement toutes les fournitures quelconques nécessaires pour les enterrements et pour la décence et la pompe des funérailles, sauf l'approbation de M. le Préfet.

Art. 2. — En exécution de l'article 25 du même décret, il sera ultérieurement procédé par l'administration municipale à la fixation du tarif des frais des pompes funèbres sur la proposition des conseils de fabrique.

Sur quoi, après délibération, sans égard à la délibération qu'il avait déjà prise en conséquence dudit arrêté le neuf septembre 1832, le Conseil arrête, sauf l'approbation de Mgr l'Evêque, de M. le Préfet, et des autorités municipales :

Article premier. — Il sera formé, par les soins du bureau des marguillers, une compagnie de neuf hommes y compris un chef de convoi pour le transport décent des corps au cimetière.

Art. 2. - Ces hommes seront vêtus d'une blouse noire serrée avec une ceinture de cuir, des guêtres montant au-dessus du genou, aussi en noir ou en gris, d'un chapeau à larges bords. Le chef, au lieu d'une blouse, portera un manteau ; son chapeau relevé sur le devant sera orné d'une plume.

Art. 3. — Le chef des porteurs n'assistera qu'aux sépultures de première, deuxième et troisième classes, et aux sépultures d'enfants, lorsque tout le clergé sera convoqué. Mais c'est lui qui sera toujours chargé, sous les ordres de M. le Curé, de convoquer les porteurs, de veiller à l'exactitude du service, à la propreté et à la conservation des vêtements, etc.

Art. 4. — La fabrique fournira les brancards et bricoles et toutes les choses nécessaires aux services en question ; elle paiera les porteurs qui seront au nombre de six pour les première et deuxième classes et de quatre pour les autres, même pour les pauvres.

Art. 5.— La fabrique, pour subvenir à ces dépenses et pour le salaire des porteurs, percevra sur chaque sépulture un droit fixé comme il suit, suivant la classe qui aura été demandée :

| | |
|---|---|
| Première classe...................... | 45 francs |
| Deuxième classe..................... | 25 — |
| Troisième classe .................... | 12 — |
| Quatrième classe.................... | 6 — |
| Cinquième classe et au-desous........ | 2 — |
| Pour les grandes sépultures d'enfants. | 10 — |
| Pour les levées de corps d'enfants .... | 2 — |
| Pour les petites sépultures d'enfants.. | 1 — |

Au moyen de ces droits, ainsi fixés, la fabrique paiera le salaire des porteurs suivant la classe, savoir :

| | |
|---|---|
| Par première classe .................. | 30 francs |
| Par deuxième classe.................. | 18 — |
| Par troisième classe. ................ | 8 — |
| Par quatrième classe................. | 4 — |
| Par cinquième classe ................ | 2 — |
| Par grande sépulture d'enfant........ | 5 — |
| Par levée de corps d'enfant .......... | 1 — |
| Par petite sépulture d'enfant......... | 1 — |

Art. 6. — Néanmoins la fabrique, ne percevant rien pour la sépulture des indigents, n'en paiera point le transport aux porteurs. L'indigence sera suffisamment

constatée par un certificat de la dame de charité du quartier, et les porteurs seront obligés de porter gratuitement ceux dont l'indigence aura été ainsi certifiée.

Art. 7. — Le produit de la rétribution des porteurs, fixé comme il a été dit à l'article 5, sera mis en masse et sera distribué à chacun d'eux de trois mois en trois mois par portions égales, sans avoir égard aux classes, dans lesquelles chacun aura servi, ni même au nombre de fois que chacun aura servi, sauf à eux à se plaindre si l'ordre n'était pas observé par le chef.

Art. 8. — Comme le chef de convoi doit avoir plus d'embarras que les autres, il sera, chaque trimestre, prélevé 5 francs sur la masse commune, qui lui seront attribués en plus et sans préjudice de son neuvième de la masse commune.

Délibéré à Mayenne, les dits jour et an que dessus.

II. — Le dimanche de la Quasimodo, 22 avril 1838, le Conseil de fabrique de Notre-Dame de Mayenne s'est réuni conformément à l'article 2 de l'ordonnance du 12 janvier 1825, au presbytère, lieu ordinaire de ses séances. La séance étant ouverte, M. le Curé a présenté au nom des porteurs institués par la délibération du mois de décembre dernier, une réclamation sur la modicité de leurs salaires, en égard au grand nombre de sépultures qu'ils sont obligés de faire gratuitement. Sur quoi, le Conseil délibérant et reconnaissant par l'expérience qui a été faite pendant les trois mois qui viennent de s'écouler que la dite réclamation était fondée, a arrêté ce qui suit :

A l'avenir, le salaire des porteurs sera fixé de la manière suivante, et, pour ne rien laisser arbitraire, est également fixée comme il va être dit la totalité des droits de fabrique pour chaque sépulture :

|  | Salaire des Porteurs | Droit de Fabrique |
|---|---|---|
| Première classe. ......... | 45 fr. | 30 fr. |
| Seconde classe........... | 28 fr. | 15 fr. |
| Troisième classe......... | 14 fr. | 6 fr. |
| Quatrième classe........ | 8 fr. | » |
| Cinquième classe........ | 4 fr. | » |
| Pauvres payant......... .. | 2 fr. | » |
| Grande sépulture d'enfant, tout le clergé convoqué. | 10 fr. | |
| Troisième classe.... ... . | 5 fr. | |
| Levée de corps simple.... | 2 fr. | |
| Petite sépulture ......... | 1 fr. | |

Les droits de fabrique selon la classe comme pour les adultes

Voulant aussi régler les droits de fabrique pour les mariages, il a été décidé qu'à l'avenir, ces droits seraient, par première classe, de 12 francs ; et lorsque ce mariage serait célébré la nuit, 40 francs ; par deuxième classe, 5 francs.

Ensuite, sur la proposition qui lui en a été faite par M. le Curé, le conseil a choisi pour suisse M. Pierre Hay, maître cordonnier, auquel sera alloué un traitement de 100 francs, qui commencera à courir seulement de son entrée en fonction.

A Mayenne, les dit jour et an que dessus.

F'

### Noel Mayennais [1]
### *(1838)*

Messieurs les Mayennais, on vient vous avertir
Que dès demain il vous faudra partir
Pour voir Jésus, dans une étable,
A Bethléem (la chose est véritable),

[1] Voir tome I, page 358.

Voir cet enfant couché sur de pauvres drapeaux.
Il faut choisir d'honorables cadeaux.
En parcourant les quartiers de la ville
On trouvera quelque chose d'utile.

Nous passerons d'abord chez les marchands drapiers.
M. Dubourg, vous serez des premiers ;
Vous fournirez futaine et couverture
Pour réchauffer l'auteur de la nature.

Sauvage et Valpinçon, de votre magasin
Vous donnerez le tissu le plus fin,
Pour en former des draps et des chemises :
Dieu bénira toutes vos entreprises.

De ce divin enfant, qui fera le berceau ?
Auguste Pelé, prenez votre ciseau,
Tous vos outils ; redoublez de courage
Pour travailler à un si noble ouvrage.

Qui fera le trousseau de notre Emmanuel ?
Ce sera vous, demoiselles Coupel ;
Vous l'ornerez de rubans, de dentelles,
De festons et de fleurs les plus belles.

Nous irons chez Patou, meunier des Grands-Moulins,
Si renommé pour avoir de bons grains.
Il fournira sa plus belle farine
Au fin tamis, aussi blanche que fine.

Où irons-nous chercher un bassin, un poêlon ?
Rue de Beaudais, chez le père Baron ;
C'est un marchand loyal et charitable,
Il y joindra quelque meuble de table.

Nous passerons aussi chez Marin Lachesnais,
Qui donnera le gâteau le plus frais,
Le pain mollet et la miche choisie,
Le choisne enfin de sa boulangerie.

Honorable Melcher, du pays des Grisons,
Vous donnerez de vos meilleurs bonbons,

Des raisins secs, des couronnes d'angélique,
Le choix enfin qu'offre votre boutique.

Nous irons chez Chabrun, au nouveau magasin,
Si renommé pour avoir de bons vins,
Le doux Macon, la fine fleur d'orange,
Dignes d'entrer dans la bouche d'un ange.

A qui donnerons-nous la charge du butin ?
Adressons-nous à Fouilleul et Goussin ;
Ils conduiront chacun leur attelée
A Bethléem, ville de la Judée.

Quand nous serons au but que nous désirons tant,
Nous saluerons la mère et l'enfant ;
En leur faisant notre humble révérence,
Nous attendrons le ciel pour récompense.

Qui chargerons-nous de faire un compliment
Pour célébrer l'heureux événement ?
Comme l'auteur l'a passé sous silence,
Monsieur Roulois aura la préférence [1].

---

[1] Dans un vieux Noël du comté de Laval nous trouvons ces deux strophes, intéressant deux des paroisses du canton-est de Mayenne :

Les Tyrans, en troupe grande,
De Sacé feront leur tour,
Qui donneront, tous de bande,
De leurs macres tour-à-tour ;
Puis les fous de Montflours,
Sans qu'on les mande,
Viendront par grands escadrons,
Tous armés de leurs fourgons.

De Martigné, sans bagage,
Viendront plusieurs bonnes gens,
Garnies d'argent à louage,
De quoi faire leurs dépens,
Et, pour mieux passer le temps
En ce voyage,
Boiront des fois plus que trois ;
Oh les cendriers Chalonnois !

### G'

LETTRE DE DAVID D'ANGERS AU MAIRE DE MAYENNE,
CONCERNANT LA STATUE DU CARDINAL DE CHEVERUS [1]

Monsieur le Maire,

J'ai l'honneur de vous envoyer ci-joint le programme de la composition du monument de Monsieur de Cheverus, tel que nous l'avons arrêté Monsieur Mollet et moi, afin que vous puissiez discuter les sujets des quatre bas-reliefs.

Parmi les traits nombreux et si touchants de la vie de votre illustre compatriote, ceux dont j'ai l'honneur de vous envoyer les croquis m'ont semblé les plus dignes d'être représentés.

Le premier, qui est sur la face principale, représente l'archevêque de Bordeaux, le 6 mai 1835, bénissant les enfants des salles d'asiles qui viennent en députation, bannière déployée, lui remettre les clefs symboliques de chaque salle.

2° L'évêque de Boston, reçu avec enthousiasme par une peuplade de sauvages à Indian old Town, dans l'île formée par le fleuve Penobscot (Maine).

3° L'évêque se faisant infirmier d'un pauvre nègre tout couvert de plaies, sans ressources et gisant sur un grabat dans une cabane sur le bord d'un grand chemin.

4° Un pauvre marin, avant de partir pour un voyage de long cours, recommande à l'évêque sa femme qu'il laissait malade et sans appui. A son retour, il trouve l'évêque montant, chargé de bois, à la chambre de la pauvre malade pour lui faire du feu et lui préparer les remèdes que réclamait sa position.

(1) Voir tome I, page 359.

J'avais d'abord songé à représenter Monsieur de Cheverus venant visiter sa ville natale et y étant reçu avec un très grand enthousiasme, que c'était une véritable ovation, digne prélude de la récompense que va lui décerner son pays ; cependant j'ai réfléchi qu'il vaudrait peut-être mieux nous conserver cette place pour y révéler une de ces circonstances où, se croyant caché au monde, il faisait des actions pleines d'humanité.

Le prix de la statue et du bas-relief, entièrement terminés et fondus, s'élèverait à 24.000 francs.

J'aime à croire, Monsieur, que vous serez bien persuadé que je ne réclame ici que les frais que je serai obligé de faire. J'apporterai ma part de souscription par le don du travail, heureux de rendre hommage, par tous les moyens qui sont en mon pouvoir, à la mémoire d'un homme si justement admiré.

Agréez, je vous prie, Monsieur le Maire, l'assurance de la haute considération de votre très humble et bien dévoué serviteur.

*Signé :* David.

Paris, le 23 juin 1841.


## H'

VŒU SOLENNEL RELATIF A L'ÉRECTION D'UNE CHAPELLE
EN L'HONNEUR DE SAINT JOSEPH
*(21 Février 1871)*

Vœu solennel prononcé dans l'église de Notre-Dame, devant le Très-Saint Sacrement, le mardi des Quarante heures, 21 février 1871.

Divin Jésus, qui résidez sur cet autel, vous voyez à vos pieds de nombreux fidèles, pleins de reconnaissance et d'amour. Naguère nous étions exposés aux plus grands des périls. L'ennemi, qui a porté le ravage sur une partie du sol de notre France, était près de nous. Nous avons élevé nos mains suppliantes vers Joseph, l'illustre patriarche, vigilant gardien de notre enfance, vers la Vierge immaculée, notre mère, les priant de porter vers votre divin cœur nos humbles et pressantes sollicitations.

Nos soupirs ont été entendus, nos prières exaucées. L'ennemi s'est arrêté tout-à-coup. Notre territoire a été respecté et nous avons hâte de vous témoigner notre profonde gratitude. Si, comme nous en avons la confiance, notre cité est à l'abri de l'invasion, si elle est préservée de l'incendie et du pillage, paroissiens et pasteur de Notre-Dame, nous prenons de grand cœur l'engagement de terminer au plus tôt cette église, construite en l'honneur de la reine du ciel, notre patronne et notre protectrice depuis tant de siècles, et d'y établir une magnifique chapelle dédiée à votre divin Cœur.

De plus, nous vouons à saint Joseph, que nous aimons à invoquer, un oratoire que nous édifierons à une petite distance de notre ville, dans l'espace de six années. Ce sera un pieux pélerinage, que nous accomplirons souvent. Là, nous irons déposer nos peines, nos tourments, nos douleurs, et nous y puiserons la consolation et la paix.

Daignez, ô Jésus, agréer les vœux de vos enfants et soyez-nous propice à l'heure du danger.

Ainsi soit-il.

## I

### Bénédiction des cloches de Notre-Dame

#### Ton de *mi*

« L'an 1875, S. S. Pie IX, pape, M<sup>gr</sup> Casimir Wicart, év. de Laval, j'ai été bénite pour l'église N.-D. de Mayenne par M. Wicart, vicaire général, et nommée Delphine-Alexandrine, par M. Tison, archiprêtre, et M<sup>me</sup> Delphine Le Châtelain [1], MM. Boullier de Branche, maire, Dubourg, de la Graverie, de la Grange, de Brunville, Chevalier - Malibert, Bachélery, Sesbouë, Raulin, d'Argencé, fabriciens.

Bollée et ses fils, fondeurs-accordeurs au Mans.

#### Ton de *fa*

L'an 1875, S. S. Pie IX, pape, M<sup>gr</sup> Casimir Wicart, év. de Laval, j'ai été bénite pour l'église N.-D. de Mayenne, par M. Wicart, vicaire général, assisté de MM. Tison, curé-archiprêtre, Le Carpentier et Baudre, vicaires, et nommée Adeline [2].

#### Ton de *la*

L'an 1875, S. S. Pie IX, pape, M<sup>gr</sup> Casimir Wicart, év. de Laval, j'ai été bénite pour l'église de Mayenne par M. Wicart, vicaire général, assisté de MM. Tison, curé-archiprêtre, Vaugeois et Fromentin, vicaires, et nommée Clémentine [3].

#### Ton de *ré*

Anno 1877, locum mihi cessit Eugenia Maria quæ,

(1) Delphine Géré, épouse de Ernest-Jean-Marie Le Châtelain. Elle représentait Mademoiselle Louise Girard.

(2) Cette cloche eut pour parrain le curé-archiprêtre Tison et pour marraine Delphine Geré.

(3) La cloche avait été donnée par Clémentine Letourneux.

eodem die quo Rev. Parochus, Alex. Tison, ad sepulchrum ducebatur, clangorem emisit ultimum.

Mariæ Eduardæ nomen accepi, benedictionesque ab ill. ac RR. Julio le Hardy du Marais episc. Valleguidonensi per R. Eduardum Patry, Rect. arch. ecclesiæ B. M. V. Meduanensis.

Præsentibus : D. D. Vaugeois, Huignard, Baudre, Fromentin, vicariis ; necnon D. D. Dubourg, Gandais, de la Graverie, de Brunville, Bachelery, Chevallier-Malibert, Sesboüé, Raulin, d'Argencé, de La Grange.

Bollée et ses fils, fondeurs-accordeurs au Mans.

Ton de la grave

Anno Domini M. C. M., S. S. D. N. Leone XIII Pont. max., RR. D. Petro Josepho Geay, Vallis Vidonis episcopo, die VII octob., a R. D. Eduardo Patry, canonico, hujus ecclesiæ parocho, adstante clero, ego sanctificata fui mihique nomen impositum Maria-Anna. Vix uncta, celebravi, die XIV, hanc B. Mariæ Virginis ecclesiam ad basilicæ minoris dignitatem erectam.

Cette cloche porte les armoiries du pape Léon XIII, celles de la basilique et de Monseigneur Patry. Elle est ornée des statues des quatre évangélistes, saint Luc, saint Marc, saint Mathieu et saint Jean.

J'

CONSÉCRATION DE L'EGLISE DE NOTRE-DAME DE MAYENNE<br>(19 Octobre 1890)

Acclamations liturgiques [1]

I. — Sacrosanctæ et individuæ Trinitati, omnium visibilium atque invisibilium Creatrici et Gubernatrici,

[1] Le texte de ces acclamations fut donné par Mgr Sauvé, prélat romain.

sit simpiterna laus, honor et gloria per infinita sæculorum sæcula. — Amen.

II. — Sacratissimo et admodùm venerabili Sacramento, cùjus in honorem pia confraternitas in hâcce ecclesiâ, ad repellendam hæresim, sæculo decimosexto (1548) est erecta, sit laus plena, sit sonora, sit jucunda, sit decora mentis jubilatio. — Amen.

III. — Sanctissimæ et gloriosissimæ Deiparæ Virgini, hujus parochiæ potentissimæ Patronæ, cujus templum decore Chrismatis, hodiernâ die delibutum fuit, sit laus debita, pia veneratio, humilis supplicatio lætaque gratiarum actio. — Amen.

IV. — Beatissimo Patri nostro, Leoni Papæ decimotertio, Pastorum Pastori, qui in tot et tantis angustiis, fortitudinem leonis cum agni mausuetudine admirabiliter in se consocians, splendidâ luce fulget et igne caritatis ardet, sit obsequium plenum, sincera admiratio, ejusdemque decretis ac mandatis, mentis et oris omnium perfecta submissio. — Amen.

V. — Amantissimo et amatissimo prœsuli nostro Julio, qui gregen suum tàm prudenter quàm suaviter pascit et has ædes effecit sacras, gratiarum actio, honor, filialis pietatis obedientia omniumque virtutum in dies augmentatio. — Amen.

VI. — Illustrissimis ac Reverendissimis Episcopis heic adstantibus, cujus unius guttur Spiritu Sancto ditatum, perpulchro et eleganti sermone nos etiam ditavit, quique omnes suâ optatissimâ præsentiâ, Splendori hujus solemnitatis, novum splendorem addiderunt, sit vivida gratulatio, debitus honor et bonorum omnium faustissima adprecatio. — Amen.

VII. — Nobili Francorum genti, quæ olim in mundo gloriosa Dei gesta peregit, nunc autem tot et tantis obrutæ malis, plena liberatio a peccatis, ab omni per-

turbatione securitas, abundans justitia, necnon privatæ
simùl ac publicæ vitæ christiana integritas. — Amen.

VIII. — Omnibus et singulis clericis ac fidelibus
hanc ecclesiam visitantibus et antè aram Beatissĩmæ
Virginis Mariæ humillimè et suppliciter prostratis,
larga Dei benedictio et post vitam in sanctitate et justitiâ expletam, cœlestis beatitudinis sempiterna perfrui-
tio. — Amen.


## K'

### Légende de Notre-Dame des Miracles a Mayenne

Le Couvent des Bénédictines du Calvaire de Mayenne
eut des débuts pénibles. Vers 1630, les religieuses aban-
données par René Pitard, magistrat influent de la ville,
aux promesses duquel elles s'étaient trop fiées, furent
réduites à une profonde misère et le pain même leur
manqua.

On raconte qu'à l'époque de cette grande détresse un
paysan sonna au monastère un matin d'hiver, de fort
bonne heure, et remit à la tourière un long fardeau qu'il
avait détaché du bât de son cheval. Celle-ci lui demanda
quelques explications sur le contenu du paquet qui
était soigneusement enveloppé de grosse toile, et aussi
sur son expéditeur, mais le commissionnaire dont les
allures et l'air semblaient un peu étranges se contenta
de répondre : « C'est un cadeau de mon maître et vous
trouverez dans l'enveloppe les renseignements que vous
désirez ». Sur cela, il partit avec son cheval ; l'un et
l'autre paraissaient fatigués et venir de loin.

La prieure avertie assista à l'ouverture du colis, qu'on
avait apporté si mystérieusement. Il contenait, roulés
dans des torsades d'étoupe, une statuette de la Vierge

LA VIERGE DES MIRACLES A MAYENNE

*On apporte sa statuette au couvent du Calvaire*

et la niche en bois sculpté dans laquelle elle était posée ; quant aux renseignements sur l'envoyeur il n'en fut pas trouvé. Toutefois en cherchant attentivement, on découvrit sous la figurine un petit papier qu'on retira. La prieure le lut avec empressement. Il contenait ces seuls mots : « Pleurez, mais espérez ».

On fit rechercher en ville le paysan qui avait apporté ces objets, ce fut en vain ; il y était entré et en était sorti sans être aperçu. Cela parut surprenant, car il faisait déjà jour.

La prieure et les doyennes du Couvent réunies se perdirent en conjectures plus ou moins invraisemblables, puis la statuette et sa niche furent rangées dans quelque réduit et l'on attendit.

Mais que pouvaient signifier les paroles singulières qui accompagnaient l'envoi ?

« Pleurez ! », était-il dit. — Eh ! les religieuses ne versaient-elles pas des larmes abondantes ? Pouvait-on les y engager autrement que par dérision ?

« Espérez ! » — Délaissées par leur fondateur, — elles-mêmes en butte alors à la malveillance des habitants, que pouvaient-elles attendre ? Un secours peut-être d'une âme compatissante ? Elles purent le croire ; il ne vint pas.

Quelques mois se passèrent et comme la Vierge et son édicule étaient un travail d'art que des connaisseurs apprécièrent, ils furent placés dans la chapelle du monastère.

C'est à ce moment que les Calvairiennes devaient comprendre le sens véritable du billet énigmatique. Son sens était simple pourtant et n'avait guère besoin de commentaires.

« Pleurez » voulait bien leur dire de continuer à souffrir, comme la Vierge aux pieds de la croix : c'était, on le sait, la mission particulière des Calvairiennes. ...

« Espérez » signifiait que ce devait être par la « mère des Douleurs » que le secours leur arriverait.

En effet, vers ce temps, les difficultés auxquelles les filles du Calvaire étaient en butte s'aplanirent et il leur fut fait des dons qui devaient les mettre bientôt dans l'aisance. La petite Vierge reçut dès lors le titre de « Notre-Dame des Miracles ». Sa miséricorde s'étendit, du reste, à tous ceux qui s'adressaient à elle.

Quel était le donateur ? on ne le connut jamais. Quelques religieuses aimèrent à croire, dans un élan de foi exagéré, qu'elles avaient été favorisées d'un don céleste.

Arrivons maintenant à l'histoire dégagée des nimbes légendaires dont la piété a enveloppé l'installation de la statuette au Couvent du Calvaire.

Il est certain que cette Vierge était au xviiⁱᵉ siècle très vénérée par les habitants de Mayenne et des environs. « Depuis la Révolution, avons-nous écrit dans *Souvenirs du Vieux-Mayenne*, un voile mystérieux enveloppait son souvenir et l'on pensait qu'il fallait déplorer sa perte. Il n'en était rien heureusement. Elle est sortie tout à coup de l'ombre dans laquelle la gardait une piété un peu jalouse, et nos recherches sur le Calvaire n'ont probablement pas été sans y contribuer. Nous nous en félicitons.

Le 27 juin 1793, une vile populace se rua dans les églises et les chapelles de la ville, enleva ou lacéra une grande partie des meubles et des objets du culte. Le bruit se répandait que la « piétà » en marbre blanc du grand autel du couvent avait été mise en morceaux, à coups de marteaux de forge et de haches. Cet acte de vandalisme n'était que trop vrai. Trois jeunes filles, élevées jadis au couvent, se souvinrent alors de la Vierge des Miracles et entreprirent de la sauver, si leur pieux dessein ne survenait pas tardivement. On leur dit le lendemain que la Vierge existait encore. Dès ce moment celles-ci n'eurent plus qu'une pensée, s'en emparer. L'opération fut moins difficile qu'elles n'avaient pu le supposer. Elles intéressèrent à leur projet un homme à qui sa position permettait journellement l'entrée de l'ancien couvent, sans qu'on pût concevoir le moindre soupçon et pendant une des nuits qui suivirent, un domestique de confiance emporta dans un sac la statue et son rétable.

Les trois protectrices de notre Vierge étaient filles de René Lemesnager et de Catherine Balloche, petites-filles de René Lemesnager, sieur du But et de Marie Guyard. Des mains de ces premières gardiennes la Vierge passa en celles de leur neveu Urbain-Georges Lemesnager, fils de René Lemesnager et de Urbaine Guyot du Vigneul. Virginie-Marie et Clémence-Marie Lemesnager, deux des nombreux enfants d'Urbain-Georges Lemesnager et de Jeanne Foisil, l'avaient recueillie dans la succession de leur père et la conservaient religieusement, quand, mues par des sentiments de générosité, de zèle et de piété qui les honorent, elles en ont fait don en 1897, à l'église de Notre-Dame de Mayenne en y joignant l'élégant édicule en bronze doré dans lequel elle est placée aujourd'hui.

Le culte de la Vierge du Calvaire profite d'un renouveau qui le fixe pour de longues années en notre Basilique [1].

---

[1] Dans son numéro du 2 février 1912, la Revue *Notre-Dame* (5, rue Bayard, Paris), a publié notre légende de Notre-Dame des Miracles, intégralement, sans en changer un mot, sous le nom « Emile Pichot ». Nous avons désiré connaître l'adresse de notre plagiaire, afin de lui donner la leçon de probité dont il a besoin, mais nos efforts pour l'obtenir ont été vains. Le directeur de la revue s'y est refusé. Nous livrons notre plagiaire au mépris public. Un plagiaire est un voleur au sens propre du mot, et l'homme qui le couvre s'associe à sa malhonnêteté.

L'

## ERECTION DE NOTRE-DAME DE MAYENNE
### EN BASILIQUE MINEURE

I. — *Supplique des Marguilliers et Conseillers de la Fabrique de l'insigne Basilique de Notre-Dame de Mayenne, jadis du diocèse du Mans, et présentement du diocèse de Laval, à Sa Sainteté le Pape Léon XIII, Souverain Pontife, glorieusement régnant :*

Très Saint Père,

Humblement prosternés aux pieds de Votre Sainteté, les marguilliers et fabriciens de l'antique Eglise de Mayenne sous le vocable de la Bienheureuse Vierge Marie *Notre-Dame*, que les Pontifes romains, vos illustres prédécesseurs, enrichirent d'indulgences et de nombreux privilèges, et que, par lettres apostoliques en forme de Bref, données à Rome le 15e du mois de mai, Votre Sainteté a daigné élever à la dignité de Basilique mineure ;

La supplient de mettre le comble à sa Sa paternelle munificence, en daignant conférer le titre et la dignité de protonotaire apostolique *ad instar participantium*, à M. le chanoine Edouard Patry, archiprêtre, curé de cette église.

D'abord vicaire de l'importante paroisse de Notre-Dame, qui compte six mille âmes, l'abbé Patry se dévoua, durant dix années, aux œuvres de jeunes gens dont il sut gagner l'estime et l'affection ; puis, il s'engagea comme aumônier des mobiles de la Mayenne pendant la guerre néfaste de 1870-71.

En 1876, il fut nommé curé de cette même paroisse, autant par la confiance de son évêque que par l'unanime désir des fidèles. Depuis lors, son zèle ardent pour le salut des âmes n'a cessé de s'exercer à Mayenne et n'a eu d'égal que le zèle déployé pour la splendeur de la maison de Dieu : il l'a dotée d'autels, de grandes orgues, de verrières et de peintures qui ont fait de l'église de Mayenne, l'une des plus belles du diocèse. Il a fait construire, pour une maison de vieillards et en exécution d'un vœu de la population, une somptueuse chapelle en l'honneur de saint Joseph.

Aussi, par ses soins, se sont élevés des écoles et des patronages pour jeunes gens, écoles et patronages pour jeunes filles, salles d'asile et ouvroirs, œuvre militaire, cercle catholique et associations de charité.

Il fait donner dans son église, avec la station annuelle du carême, des missions et des retraites : aussi les communions pascales et celles des grandes fêtes sont-elles nombreuses. Grâce encore à la vigilance constante du Pasteur et à son zèle pour rehausser l'éclat des cérémonies du culte, les offices paroissiaux sont religieusement fréquentés.

Qu'il nous soit permis d'ajouter que le pieux et très charitable curé de Notre-Dame possède l'entière confiance de son évêque et du clergé diocésain ; qu'il est aimé et estimé de tous ses paroissiens, dont le Conseil de fabrique est l'interprète fidèle et autorisé.

En déposant cette humble supplique à vos pieds, Très Saint Père, les soussignés ne font que répondre aux vœux légitimes d'une population très chrétienne, qui a su consentir d'importants sacrifices pour la gloire de Dieu et l'honneur de Notre-Dame.

Que Dieu daigne conserver et vivifier Votre Sainteté, dont nous sommes, Très Saint Père, les fils très respectueux, très humbles et très soumis.

II. — *Bref du Pape Léon XIII érigeant en Basilique mineure l'église de Notre-Dame de Mayenne, 15 mai 1900.*

Leo P. P. XIII,

Ad perpetuam rei memoriam.

Sacris illis ædibus quæ primis christiani nominis sæculis Deo in Galliis dicatæ fuerunt, jure meritoque accensenda est quæ in honorem Deiparæ Virginis Dominæ Nostræ in urbe « Mayenne » ædificata fuit, olim ad Cenomanensem nunc ad Vallis Vidonis diœcesim pertinente. Primitus siquidem sacellum, dein templum effectum, labentibus seculis, tùm cultûs splendore, tùm molis amplitudine ac ditissimis omnigenæ artis operibus necnon prædivite supellectili sacrâ locuples, plurimis Galliæ ecclesiis præcellit. Ibi simulacrum ipsius Deiparae a miraculis, ob innumera conlata beneficia nuncupatæ, jam indè a sæculo sexto decimo avitæ pietatis studio quotidie colitur : sanctorum ibidem reliquiæ magnâ religione asservantur ; nec pauca numero usquè in hodiernam diem sodalitia et confraternitates canonicè erectæ sunt ; ipsique Romani Pontifices prædecessores nostri pluribus sacram eamdem ædem indulgentiis privilegiisque ditarunt. Hæc omnia animo reputans venerabilis frater Petrus Josephus Geay, episcopus Vallis Vidonis, precibus obsecundans hodierni archipresbyteri parochi ecclesiæ Dominæ Nostrae in civitate « Mayenne », suffragantibus quoque votis sacrorum antistitum cenomaniens. et tarentasiens. diœceseon, Nos enixis precibus flagitavit, ut memoratam ecclesiam Dominæ Nostræ tot tantisque meritis insignem basilicæ minoris nomine ac dignitate cohonestare dignaremur.

Nos autem hujusmodi supplicia vota peramanter exci-

pientes, omnesque et singulos quibus nostræ hæ litteræ
favent a quibusvis excommunicationis et interdicti
aliisque ecclesiasticis sententiis censuris et pœnis, si
quas fortè incurrerint, hujus tantum rei graciâ absolventes et absolutos fore consentes, ecclesiam sub titulo
B. Mariæ Virginis Dominæ Nostræ, sitam in urbe
« Mayenne » intrà fines diœcesis Vallis Vidonis, auctoritate nostrâ apostolicâ, vi presentium perpetuumque in
modum ad basilicæ minoris dignitatem evehimus,
eidemque sacræ ædi privilegia omnia atque honorifi-
centias attribuimus quæ minoribus almæ hujus urbis
basilicis de jure competunt.

Decernentes presentes litteras firmas, validas et effi-
caces semper existere et fore, suosque plenarios et inte-
gros effectus sortiri et obtinere, ac illis ad quos spectat
et pro tempore quomodolibet spectabit in omnibus et
per omnia plenissimè suffragari ; sicque in præmissis
per quoscumque indices ordinarios et delegatos indicari
et definiri debere, atque irritum esse et inane, si secus
super his a quoquam, quavis auctoritate, scienter vel
ignoranter, contigerit attentari, nonobstantibus con-
trariis quibuscumque.

Datum Romæ, apud S. Petrum, sub annulo piscatoris, die XV maii MCM, pontificatûs nostri anno vigesimo
tertio.

Alois card. Macchi,

Au verso du parchemin on indique la taxe.

Expensæ : Libellæ auræ mille et ducentæ ; Libellæ
centum argentiæ triginta.

### III. — *Affiliation à la Basilique patriarcale libérienne (Sainte-Marie-Majeure)* [1].

Capitulum et Canonici sacros. patriarchalis basilicæ Liberianæ.

Illustrissimo ac reverendissimo in Christo patri D.D. Josepho Geay, episcopo Vallis Vidonis in Galiis.

Pia ac singularis devotio quam erga sacram imaginem Deiparæ Virginis quæ S. Lucæ ev. depicta manu in sacrosanctà nostrà Liberianà Basilicà multis antè seculis asservatur clariorque in dies elucet miraculis quæ Deus per illam omni tempore usque in præsens operatus est, habere te constat, congrue promeretur, ut iis quibus, ex apostolicà dispensatione datum nobis est, favoribus te prosequamur. Quapropter cùm a nobis petieris, ut attenta præcipua religione quam erga ipsam Dei Genitricem, eique præ ceteris tam specialiter dicatam Basilicam nostram Liberianam ex animo profiteris, ecclesiam parochialem sub titulo B. Mariæ Virginis dominæ nostræ in urbe « Mayenne » intra fines tuæ dioecesis sitam, plurimis Galliæ ecclesiis præcellentem et a sanctissimo Domino nostro Leone Papa XIII per litteras diei 15 Maii proxime elapsi ad Basilicæ minoris dignitatem erectam, sacrosantæ Basilicæ S. Mariæ Majoris unire, submittere, aggregare et incorporare velimus, quo participationem et communicationem gratiarum, indulgentiarum, privilegiorum et indultorum apostolicorum nobis et eidem Liberianae Basilicae a summis Romanis Pontificibus concessorum, dicta ecclesia consequi possit et valeat, Nos tam pio desiderio, quantum cùm Domino possumus satisfacere volentes, auctoritate

---

(1) Cette Basilique a été aussi appelée Sainte-Marie « ad Præsepe », parce que la crèche qui avait servi de berceau au Sauveur y avait été apportée de Béthléem ; cette basilique fut rebâtie par Sixte III.

ordinariâ, et quâ vigore indultorum et privilegiorum apostolicorum prædictorum fungimur, et præsertim attentâ facultate a fel : rec : Clemente XII per suas litteras apostolicas datas sub annulo pistacoris die VIII junii MDCCXXXVI nobis benignè concessâ, petitam aggregationem tibi indulgemus, ità ut omnes utriusque sexûs Christi fideles ad præfatam ecclesiam confluentes, rite tamen dispositi, iisdem indulgentiis, privilegiis, et spiritualibus gratiis frui potiri et gaudere pari modo possint, perindè ac si ad eamdem nostram sacrosanctam basilicam personaliter accederent.

Indulgentiarum autem et spiritualium gratiarum hujus modi summarium est quod sequitur, videlicet :

Plenariæ, in festis Conceptionis, Nativitatis, Annuntiationis et Assumptionis Beatæ Mariæ Virginis.

Partiales, in festis Purificationis B. M. V. vigentiquinque annorum et totidem quadragenarum, Visitationis quinque annorum et quinque quadragenarum, Præsentationis quatuor annorum et quatuor quadragenarum, Exaltationis S. Crucis trium annorum et trium quadragenarum, Dedicationis S. Michælis archangeli duorum annorum et duarum quadragenarum.

Item. — Indulgentiæ stationales, Dominicâ Iᵃ Adventus ; feriâ IVᵃ quatuor temporum Adventûs, vigiliâ Nativitatis Domini, die ejusdem S. S. Nativitatis ; feriâ IVᵃ quatuor temporum quadragesimæ, Dominicâ IIᵃ quadragesimæ ; feriâ IVᵃ majoris hebdomadæ, dominicâ Resurrectionis Domini ; feriâ IIᵃ Rogationum, feriâ IVᵃ quatuor temporum Pentecostes, in festo Dedicationis S. Mariæ ad Vives ; feriâ IVᵃ quatuor temporum Septembris.

In quorum præmissorum fidem præsentes litteras per R. secretarium nostrum subscriptas, ac sigillo capitulari munitas, expediri mandavimus.

Datum Romæ, ex aulâ nostrâ Capitulari apud S. Mariam Majorem, die Vᵃ mensis octobris, anno jubilæ MCM.

Pro Eminentissimo ac Reverendissimo domino Cardinali Vinc. Vannutelli, arch. absente : Gustavus Persiani, vicarius.

Sceau humide à l'encre noire de forme ronde sur lequel on lit : « Sacr : patriar : basilica liberiana ».

† Aloisius M. Canestrari, ep. de Thermanis, secretˢ capitˢ .

Suprascriptas litteras vidimus, recognovimus et publicari permissimus.

Valle Guidonis, die 25 Junii 1901.

† Petrus Josephus, ép. Valle G.

Sceau sec, sur lequel on lit : « Petrus episcopus Valle‑guidonensis ».


M'


BREF DU PAPE PIE X, NOMMANT Mgʳ PATRY
PROTONOTAIRE APOSTOLIQUE

*Dilecto filio Eduardo-Amabili Patry, canonico diœcesis Vallis Vidonis*

Pius, papa X.

Dilecte fili, salutem et apostolicam benedictionem.

Minimè nos latet, te vitæ integritate et constanti christianarum virtutum exercitatione, ceteris in exemplum enitere, et tùm in obeundo munere archipresbyteri ad Nostræ Dominæ oppidum « Mayenne », tùm in aliis naviter implendis ecclesiastici ministerii officiis, luculenta pietatis, prudentiæ, consilii, et provehendæ catholicæ rei actuosi studii testimonia exhibere ; ideoque antistitis tui votis ultro libenterque annuentes, ut simul non impar meritis præmium nanciscaris, singulari te nos-

træ voluntatis pignore cohonestandum existinavimus.
Quarè te a quibusvis ecclesiasticis censuris, sententiis
ac pœnis, si quas fortè incurreris, hujus tantùm rei
gratiâ absolventes et absolutum fore censentes, his litteris, auctoritate nostrâ « protonotarium apostolicum »
ad instar sed non e numero participantium facimus,
eligimus atque renuntiamus. Proinde tibi, dilecte fili,
concedimus omnia et singula jura, honores, præroga-
tivas, indulta, quibus alii eadem aucti dignitate ecclesiastica, ex apostolica potissimum nostrâ constitutione
de Collegio Protonotariorum edita, cujus exemplar ad te
jussimus transmitti, utuntur, fruuntur, vel uti frui pos-
sunt ac poterunt. Præcipimus verò, ut priusquàm hujus
concessionis beneficio perfrui incipias, coràm decano
protonotariorum apostolicorum participantium, per te
si Romæ adsis, si non per legitimum procuratorem
tuum, fidei professionem emittas, juxtà articulos ab
hàc S. Sede propositos, debitum præstes in formâ solitâ
juramentum, aliaque serves quæ per eamdem constitu-
tionem servanda præscribuntur. Non obstantibus in
contrarium facientibus quibuscumque. Datum Romæ
apud S. Petrum, sub annulo piscatoris, die XVIII Au-
gusti M. D. C. C. C. C. VI, pontificatûs nostri anno
quarto.

*Signé :* Alois[s] card. Macchi.

Sceau de forme ronde avec cette exergue : « Pius. X,
Pont. Max. ».


Traduction

18 août 1906.

A notre cher fils Edouard-Aimable Patry, chanoine
du diocèse de Laval.

Pie X, pape.

Cher fils, salut et bénédiction apostolique.

Nous ne l'ignorons nullement : par l'intégrité de votre

vie et la pratique constante des vertus chrétiennes, vous vous distinguez entre tous autres comme un modèle à suivre, aussi bien dans l'exercice de votre charge d'archiprêtre de Notre-Dame de la ville de Mayenne, que dans les autres fonctions du ministère ecclésiastique que vous remplissez avec le plus grand zèle, en y déployant avec éclat les vertus de piété, de prudence et de conseil ; enfin, vous avez donné de nombreux témoignages de votre zèle ardent à promouvoir la cause catholique.

Aussi, approuvant spontanément et avec plaisir les vœux de votre évêque, et pour que vous trouviez en même temps une récompense qui ne soit pas indigne de vos mérites, avons-nous crû devoir vous honorer d'un gage tout spécial de notre bienveillance à votre sujet.

C'est pourquoi, à cette occasion, vous absolvant et vous tenant pour absout de toutes censures, sentences et peines ecclésiastiques quelconques, que vous auriez pu encourir.

Nous, par les présentes lettres et de notre autorité, vous créons, élisons et nommons « Protonotaire apostolique » à l'instar mais non au nombre des titulaires.

En conséquence, cher fils, nous vous concédons tous les droits généraux et spéciaux, honneurs, prérogatives, indultes, dont usent et jouissent, peuvent et pourront user et jouir les autres personnes pourvues de la même dignité ecclésiastique, droits édictés notamment dans notre constitution apostolique sur le collège des pronotaires dont nous avons ordonné qu'un exemplaire vous soit remis.

Toutefois, nous ordonnons qu'avant de commencer à faire usage du bénéfice de cette concession, vous vous présentiez devant le doyen des protonotaires titulaires, en votre personne, si vous êtes présent à Rome, sinon par l'intermédiaire de votre procureur légalement fondé, pour faire votre profession de foi, suivant les réglements fixés par le Saint-Siège, et prêtiez dans la forme accoutumée le serment requis et remplissiez toutes les autres prescriptions ordonnées par la constitution sus-relatée.

Nonobstant toutes choses à ce contraires.

Donné à Rome, près Saint-Pierre, sous l'anneau du Pêcheur, le 18ᵉ jour d'août 1906, la 4ᵉ année de notre pontificat.

Signé : Aloïs, cardinal Macchi.

Sceau, contenant cette exergue : « Pius X, Pont. Max. »

N'

### Profession de foi de Mᵍʳ Patry

*Vincentius Nussi, decanus Collegii protonotariorum apos-tolicorum sanctissimi domini nostri papæ et sanctæ sedis apostolicæ.*

Omnibus et singulis præsentes litteras inspecturis fidem facimus atque testamur R. P. D. Eduardum Ama-bilem Patry, canonicum diœc. Vallis Vidonis, renun-tiatum fuisse protonatorium apostolicum ad instar par-ticipantium, apostolicis litteris annulo piscatoris obsi-gnatis die XVIII Aug. M. C. M. VI datis, eumque apud nos hodiernâ die per R. D. Cajetanum Bossi, tanquam specialem procuratorem, catholicæ fidei professionem juxtà articulos ab apostolicâ sede propositos emisisse, itemque fidelitatis debitæ præstitisse juramentum, ad consequenda jura ac privilegia protonotariis apostoli-cis ad instar participantium a summis pontificibus con-cessa, et novissimè a Pio papà X, in motu proprio

« Inter multiplices » edito die XXI februarii M. C. M. V., descripta et definita.

In quorum fidem ac testimonium præsentes litteras, manu nostrâ firmatas et signo Collegii munitas, per subscriptum ejusdem Collegii secretarium expediri mandavimus.

Datum Romæ, ex ædibus cancellariæ apostolicæ, die XVIII mensis nov. M. C. M. VI, pontificatûs sanctissimi domini nostri Pii papæ X, anno quarto.

*Signé :* Vincentius Nussi.

Cajetanus Bossi, secretarius.

*Sceau humide à l'encre rouge de forme ronde,* sur laquelle ont lit : (S. Clemens) collegium protonotariorum apost. part.

*Au verso :* suprascriptas litteras nobis episcopo valleguidonensi, juxtà const. « Inter multiplices », num. 50, allatas, vidimus et recognovimus.

Valle Guidonis, die 7 decembris 1906.

† Eugenius, Grellier, episc. valleguidonensis.

*Sceau ovale humide à l'encre bleue,* sur lequel on lit : Sig. Eugenii episc. valleguidonensis.

Traduction :

18 Novembre 1906.

Vincent Nussi, doyen du collège des protonotaires apostoliques de notre très saint père le pape et du St-Siège apostolique.

A tous et à chacun de ceux qui prendront connaissance des présentes lettres, nous faisons savoir et attestons que Révérend Père Monseigneur Edouard-Aimable Patry, chanoine du diocèse de Laval, a, par lettres apostoliques scellées de l'anneau du pêcheur, données le 18e jour d'août 1906, été nommé protonotaire apostolique, à l'instar des titulaires ; que, ce jourd'hui et par l'intermédiaire de révérend seigneur Gaëtan Bossi, en qualité de procureur spécial, il a fait profession de foi catholique, suivant les réglements prescrits par le siège apostolique ; — enfin qu'il a prêté le serment de fidélité exigé, pour jouir des droits et privilèges concédés aux notaires apostoliques à l'instar des titulaires par les souverains pontifes, et spécifiés et définis en dernier lieu par le Pape Pie X dans son motu proprio « Inter multiplices », du 21 février 1905.

En foi et témoignage de quoi, nous avons ordonné que les présentes lettres, confirmées de notre propre main et revêtues du sceau du collège (des protonotaires), soient délivrées et signées par le secrétaire dudit collège.

Donné à Rome, au palais de la Chancellerie apostolique, le 18e jour du mois de Novembre 1906, la quatrième année du pontificat de notre très saint Père le pape Pie X.

*Signé :* Vincent Nussi, Gaëtan Bossi, secrétaire.

Au verso : Nous avons vu et reconnu les lettres ci-dessus transcrites, à nous transmises en notre qualité d'évêque de Laval, sous le numéro 50, suivant le règlement « Inter multiplices ».

Laval, le 7 décembre 1906.

*Signé :* Eugène Grellier, évêque de Laval.

## O'

### FABRICIENS ET MARGUILLIERS

27 nivôse an XII. — Goyet-Dubignon.

27 nivôse an XII. — Baguelin, président du Tribunal civil.

27 nivôse an XII. — Leforestier.

1804. — Benoiste-Desvalettes (Jean).

An XIV. — De Hercé (Louis).

1806. — Leziard-Kériolet.

1810. — De la Broise (Alexandre).

1810. — De Baglion.

1810. — Barré.

1810. — Pattier (Pierre-Joseph).

1811. — Lebouvier-Duhameau.

1811. — De Hercé (J.-A.).

1816. — Pouteau (Louis).

1817. — Esnault-Dubignon.

1817. — Lefebvre de Cheverus (Louis-Anne).

1817. — Fortin-Moulinière (François-René).

1817. — Gougis (Grégoire), entreposeur des tabacs.

1818. — Guesdon.

1821. — Carré (Jean-René), receveur municipal.

1825. — Ledauphin-Dubourg, juge.

1831. — Le Châtelain, juge de paix.

1835. — Bourdin.

1837. — Tanquerel de Vaucé.

1839. — Pichot de la Graverie.

1839. — Tripier de la Grange (Henri), père.

1842. — De Brunville (Alfred)

1843. — Guimond des Riveries (Théophile).

1844. — Benoiste-Lesayeux (I.).

1849. — Bigot, ancien vérificateur des poids et mesures.

1849. — Ripault.

1853. — Lefebvre d'Argencé (Achille).

1858. — Dusouilliers.

1858. — Benoiste (Henri).

1864. — Bachelery.

1864. — Lehuen-Dubourg père.

1871. — Largille.

1873. — Chevalier Malibert.

1873. — Sesbouë.

1874. — Raulin (Jules).

1874. — Lefebvre-d'Argencé (Arthur).

1881. — Hamard (François).

1881. — Lasnier (Jules), ancien notaire.

1883. — Lehuen-Dubourg, docteur en médecine.

1883. — Trouillard (Charles), avocat.

1885. — Clouet.

1885. — Gaillard (Paul), notaire.

1886 — Barbier (René-Florent), notaire honoraire.

1887. — Bidault (Alfred), propriétaire.

1890. — Foucault (Louis), propriétaire.

1890. — Clouet (Henry), propriétaire.

1894. — Tripier de la Grange (Henry-Florestan).

1896. — Hamon.

1902. — Lebouc (Henry-Léon), notaire.

1902. — Le Hir de Rumeur.

1902. — Deschamps (Eugène), propriétaire.

1902. — Douard (Charles), avoué.

1902. — Brunet de la Charie (Maurice), propriétaire.

# NOTES COMPLÉMENTAIRES

Nous donnons, sous ce titre, trois pièces qui nous sont parvenues tardivement.

## I

*Esprit public à Mayenne, à la fin du règne de Charles X*

On a vu au tome 1er, page 354, que le 12 mai 1830 les membres du Tribunal civil n'avaient pas jugé à propos de faire cortège à l'évêque du Mans lors de sa première visite à Mayenne. Cette abstention était frondeuse de leur part. Bien d'autres signes accusaient dans notre ville l'esprit antireligieux de bon nombre de bourgeois. La lettre suivante de Louis de Hercé, maire de Mayenne, le laisse assez comprendre.

Gasnier, curé de Saint-Martin de Mayenne, avait été nommé curé de Saint-Jean de Château-Gontier, sur sa demande, disait l'Evêché. De Hercé, mécontent de ce changement, écrivit au vicaire général Bourmault cette verte épître :

Mayenne, le lundi 10 novembre 1828.

Monsieur et très cher abbé,

Je dois vous l'avouer, c'est avec un grand mécontentement, joint à un profond chagrin, que j'ai appris le changement de notre respectable et excellent curé de Saint-Martin ; et pour vous dire toute ma pensée, l'Evêché dans la circonstance s'est conduit comme un ennemi de l'autel et du trône et des honnêtes gens. Il a manqué à la religion en nous enlevant, sans raisons suffisantes, celui qui, par son amour pour son Dieu et les hommes, pouvait seul conserver le reste du feu divin qui brûle encore dans quelques cœurs fidèles. Si ce feu vient à s'éteindre, l'Evêché, seul, en sera responsable devant celui qui jugera un jour non-seulement nos actions mais les motifs qui les ont fait faire.

L'Evêché a manqué à son roi en privant, dans des moments aussi critiques, une ville d'un pasteur qui était plus capable que qui ce soit, par sa douceur, son affabilité et la confiance qu'il savait si bien inspirer, d'y entretenir la paix et la concorde et y faire aimer et respecter celui qui nous gouverne.

L'Evêché a manqué aux égards qu'il devait aux autorités locales en faisant un changement aussi intempestif sans les consulter, ni les en prévenir. Enfin, il semble qu'il ait pris à tâche de s'aliéner indistinctement tous les esprits de cette ville, dans leurs affections les plus chères, en les privant à jamais d'un guide aussi sûr que fidèle et aussi estimé que vénéré.

Je ne répondrai pas, Monsieur et ancien condisciple, aux raisons que vous me donnez concernant cette fatale nomination, que la religion seule défendait d'admettre.

Au surplus, s'il était nécessaire d'obtempérer un jour au désir de ce parfait curé, ce n'était pas dans les circonstances présentes où l'autel et le trône sont menacés de toutes parts. Il semble qu'on ait voulu par cette mesure augmenter encore leurs trop nombreux ennemis.

Vous trouverez sans doute, Monsieur et cher abbé, mes récriminations un peu amères, mais soyez bien persuadé qu'elles ne s'adressent nullement à vous. Je sais que vous n'êtes pour rien dans ce cruel changement. Sans votre lettre, j'aurais gardé le plus profond silence, mais j'ai cru ne pas devoir, sous tous les rapports, la laisser sans réponse. Soyez bien convaincu que je ne cesserai jamais de vous aimer comme un ancien condi-

ciple et de vous respecter comme un digne vicaire général.

C'est dans ces sentiments que j'ai l'honneur d'être,
Monsieur et très cher abbé,

Votre...

DE HERCÉ.

Lors de la Révolution de juillet, les nouvelles de la
capitale étaient attendues à Mayenne avec anxiété. Un
groupe nombreux de personnes se rendait chaque jour
à l'arrivée de la malle-poste et des voitures publiques
de Paris pour connaître les événements. La poste aux
chevaux, tenue alors par Desnos, se trouvait route de
Paris (aujourd'hui rue Paul-Lintier), dans un terrain
occupé actuellement par l'établissement des aliénés de
la Roche-Gandon. Quand la malle, ornée de drapeaux
tricolores, apporta la nouvelle de l'avènement de Louis-
Philippe, on applaudit à outrance ; ce fut une sorte de
délire. Les bourgeois et négociants, d'ordinaire de tenue
correcte, laissèrent déborder leur ivresse. Ils parcouru-
rent la ville, bras dessus bras dessous, en chantant à tue-
tête. Leur journée s'acheva au cabaret où l'on but abon-
damment du vin d'Anjou à la santé du roi des français.
Ce petit fait local n'a pas encore pris assez d'âge pour
que nous puissions donner les noms des enthousiastes
de l'issue des Trois glorieuses.

## II

*Revenu des habitants de Mayenne en 1818*

On a vu au tome 1ᵉʳ, page 378, que les ressources du
Bureau de charité de Mayenne étaient distribuées aux
pauvres par des Dames de charité. Cet usage existait
de vieille date.

En 1817, la récolte ayant été mauvaise, la cherté des grains fut très grande et les quelques fonds que possédait le Bureau devinrent insuffisants pour assister les pauvres. Une souscription, qui eut lieu dans le but de les secourir, échoua complétement, et la Municipalité usa alors d'un moyen audacieux de contrainte morale afin d'obliger les personnes aisées à se montrer généreuses. Elle évalua leurs revenus (avec ou sans leur concours, nous ne savons), et les invita à en offrir deux pour cent. Elle qualifia son tableau : « Dons volontaires faits par les habitants, à raison de 20 fr. par 1.000 fr. de revenu pour venir au secours de la classe indigente, à raison de la cherté des grains valant de 32 à 36 fr. le boisseau ».

La charité jointe sans doute à un certain respect du monde fit réussir cette taxe. Il y eut peu de personnes à ne pas s'y soumettre et peut-être avaient-elles eu des raisons particulières pour s'abstenir.

Les distributions furent faites par quatre Dames de charité : M^me Bure, M^lle Desriveries, M^me Bourdin et M^lle Guérin.

Le tableau suivant, qui fut dressé par une commission composée de Lefebvre de Cheverus, de la Broise, Bourdin, Lozivy et Le Pescheux du Hautbourg, comprenait trois catégories ainsi désignées :

§ 1^er. — *Personnes dont le revenu a été évalué et qui ont versé 2 0/0*

| | | |
|---|---|---|
| Baglion (veuve de) dont le revenu était de. | | 12.000 fr. |
| Baguelin, marchand, | — | 2.500 fr. |
| Baguelin, président, | — | 8.000 fr. |
| Barré, négociant, | — | 4.000 fr. |
| Bécannière (d^elle de la), | — | 1.000 fr. |
| Benoiste (Léon), | — | 1.000 fr. |

| | | |
|---|---|---|
| Benoiste-Lanchon, dont le revenu était de.. | | 2.000 fr. |
| Benoiste-Maupetit, | — | » |
| Benoiste (Patrice), | — | 3.000 fr. |
| Benoiste (Philippe), | — | 1.000 fr. |
| Benoiste (Victor), | — | 3.000 fr. |
| Bignon, marchand, | — | 15.000 fr. |
| Bigot (veuve), | — | 3.000 fr. |
| Boulbonne (Guibal), | — | 8.000 fr. |
| Bourdin, | — | 4.400 fr. |
| Bourdon, | — | 5.000 fr. |
| Bourdon, fabricant, | — | 1.000 fr. |
| Bourlotton, | — | 1 000 fr. |
| Boutros, | — | 1.000 fr. |
| Bouvier-Duhameau (dame), | — | 5.000 fr. |
| Broise (de la), | — | 5.500 fr. |
| Brou (veuve), | — | 1.000 fr. |
| Buré (veuve), | — | 1.200 fr. |
| Busson (Constant), | — | 1.500 fr. |
| Carré, receveur, | — | 1.500 fr. |
| Carré (René), | — | 2.000 fr. |
| Coignard, notaire, | — | 4.000 fr. |
| Chabrun-Cicé, | — | 6.000 fr. |
| Chalmel (veuve), | — | 4.000 fr. |
| Chalmel, fils, | — | 2.000 fr. |
| Chalmel-Dubourg, | — | 3.000 fr. |
| Chalot (veuve), | — | 1.000 fr. |
| Chappedelaine (veuve), | — | 8.000 fr. |
| Châtelain, avocat, | — | 1.000 fr. |
| Cheminant, | — | 3.000 fr. |
| Chesnais, négociant, | — | 12.000 fr. |
| Chevalier, ap^re, | — | 4.000 fr. |
| Chevrie (veuve J^n), | — | 1.000 fr. |
| Chevrinais (Marin), | — | 2.000 fr. |
| Clinchamp (dame de), | — | 18.000 fr. |
| Colet (Joseph), | — | 1.000 fr. |

Coquereau (Aubin), dont le revenu était de..   1.000 fr.
Coquereau (veuve Aubin), — 1.000 fr.
Corbeau (Pierre), — 1.000 fr.
Coulon (veuve), — 1.000 fr.
Dargencé (dame), — 6.000 fr.
Dargencé-Hochet (veuve), — 8.000 fr.
Delente, père et fils, — 1.000 fr.
Demées, avocat, — 2.000 fr.
Desaunay, contrôleur, — 1.500 fr.
Desjardins (veuve César), — 1.500 fr.
Desjardins (Charles), — 3.000 fr.
Desrochers (demoiselle), — 3.000 fr.
Desvalettes, — 12.000 fr.
Dubourg, juge, — 3.000 fr.
Dubois (veuve Victor), — 2.000 fr.
Dubois (veuve Pierre), — 1.000 fr.
Dubois, frères, — 2.000 fr.
Duhameau, — 9.000 fr.
Duhomme (veuve), — 2.000 fr.
Dupont (René), — 1.500 fr.
Durand (dame), — 1.000 fr.
Durand, receveur, — 3.000 fr.
Edon (veuve), — 1.000 fr.
Edon, sellier, — 1.000 fr.
Esnault, receveur, — 9.000 fr.
Esnault, enfants, — 6.000 fr.
Fabre, négociant, — 3.000 fr.
Feillet-Pilatrie, — 1.500 fr.
Féron (Noël), — 2.500 fr.
Féron (Julien), — 3.000 fr.
Féron (veuve) — 4.000 fr.
Féron (Jacques), — 4.000 fr.
Féron-Montiège, — 2.000 fr.
Feytout, — 1.500 fr.
Fléchart, — 1.000 fr.

| | | |
|---|---|---|
| Fortin-Desjousseries, dont le revenu était de. | | 3.000 fr. |
| Foubert, pharmacien, | — | 1.000 fr. |
| Fouché (veuve), | — | 3.000 fr. |
| Fougeray (veuve), | — | 4.000 fr. |
| Gandais (Henri), | — | 1.000 fr. |
| Gaudinière, aîné, | — | 1.500 fr. |
| Gaudinière (veuve), | — | 1.000 fr. |
| Girard, | — | 1.000 fr. |
| Girard (veuve et eufants), | — | 18.000 fr. |
| Giraut (veuve), | — | 1.000 fr. |
| Gougis, avocat, | — | 5.000 fr. |
| Gougis (Grégoire), | — | 4.000 fr. |
| Godard-Beauchêne (veuve), | — | 1.000 fr. |
| Godardière, | — | 1.000 fr. |
| Godefroy, notaire, | — | 2.000 fr. |
| Gouyet, marchand, | — | 1 000 fr. |
| Goyet-Lamotte, | — | 1.000 fr. |
| Goyet-Desmarres, | — | 1.500 fr. |
| Grandjardin (veuve et enfants), | — | 12.000 fr. |
| Guesdon, | — | 3.000 fr. |
| Guesnerie, | — | 1.000 fr. |
| Guérin (demoiselle), | — | 1.000 fr. |
| Guimond, greffier, | — | 3.000 fr. |
| Hardy, | — | 1.000 fr. |
| Hay, huissier, | — | 1.500 fr. |
| Hercé (de), maire, | — | 12.000 fr. |
| Hercé (veuve de), | — | 11.000 fr. |
| Hercé (de), dragon, | — | 10.000 fr. |
| Hubert, débitant de tabac, | — | 1 000 fr. |
| Jacquet du Seuil (veuve), | — | 12.000 fr. |
| Jamelin (demoiselle), | — | 1.000 fr. |
| Lacombe, | — | 2.000 fr. |
| Lair-Lamotte, | — | 2.000 fr. |
| Lair-Lamotte (veuve), | — | 1.000 fr. |
| Lambleux, | — | 1.000 fr. |

| | | |
|---|---|---|
| Lebrun (veuve), dont le revenu était de..... | | 1.500 fr. |
| Le Camus (dame), | — | 3.000 fr. |
| Lecottier (demoiselle), | — | 1.000 fr. |
| Lecottier, curé, | — | 2.000 fr. |
| Lecureuil, | — | 3.000 fr. |
| Le Dauphin, | — | 8.000 fr. |
| Le Febvre Cheverus, | — | 5.000 fr. |
| Le Febvre et demoiselle, | — | 2.000 fr. |
| Le Forestier, | — | 12.000 fr. |
| Le Goué (demoiselle), | — | 2.000 fr. |
| Le Goué, | — | 5.000 fr. |
| Le Huen-Dubourg, | — | 1.500 fr. |
| Le Lièvre | — | 12.000 fr. |
| Le Marchand (veuve et enfants), | — | 1.000 fr. |
| Le Maréchal-Verdrie, | — | 1.500 fr. |
| Leméant, | — | 2.000 fr. |
| Le Mercier, | — | 1.000 fr. |
| Le Mesnager (demoiselles), | — | 1.000 fr. |
| Le Mesnager, horloger, | — | 1.000 fr. |
| Le Pescheux, aîné, et sa belle-mère, | — | 3.000 fr. |
| Le Pescheux (Victor), | — | 3.000 fr. |
| Le Pescheux-Duhautbourg, | — | 3.000 fr. |
| Leroux (Michel), | — | 1.000 fr. |
| Le Sage, chapelier, | — | 1.000 fr. |
| Levayer-Torlière, | — | 1.500 fr. |
| Leveillé-Guillouard, | — | 3.000 fr. |
| Leveillé, père, négociant, | — | 4.000 fr. |
| Léziard, | — | 12.000 fr. |
| Lottin (veuve), et Moutreuil, | — | 5.000 fr. |
| Lozivy (veuve), | — | 1.000 fr. |
| Louzier (veuve), | — | 3.000 fr. |
| Mahé (demoiselle), | — | 1.000 fr. |
| Maupetit, | — | 2.500 fr. |
| Maret (Joseph), | — | 2.000 fr. |
| Marie, négociant, | — | 1.500 fr. |

Mathourais, dont le revenu était de...... 1.500 fr.
Melcher,                               —      1.000 fr.
Meslay, maréchal,                      —      1.000 fr.
Michel, négociant,                     —      1.000 fr.
Montpinson,                            —     16.000 fr.
Morin,                                 —      1.000 fr.
Morisset,                              —      2.000 fr.
Nouël-Latouche,                        —      3.000 fr.
Nouël-Latouche,                        —      5.000 fr.
Pays, avocat,                          —      1.000 fr.
Peignan, hôte,                         —      1.000 fr.
Perdrigeon,                            —      1.000 fr.
Pillais (Charles),                     —      1.000 fr.
Piquet (veuve),                        —      1.000 fr.
Pivette, négociant,                    —      1.500 fr.
Poutheau (enfants),                    —      3.000 fr.
Poutheau (veuve),                      —      4.000 fr.
Pottier (veuve Jean),                  —      1.000 fr.
Pottier (veuve),                       —      4.000 fr.
Pouteau-Vidis,                         —      2.000 fr.
Prieul (veuve),                        —      2.500 fr.
Raimbault, principal du Collège,       —      1.500 fr.
Ramard, marchand,                      —      1.000 fr.
Renault (Henri),                       —      3.000 fr.
Renault (veuve),                       —      3.000 fr.
Richard (veuve),                       —      1.000 fr.
Ripault,                               —      1.000 fr.
Rocton fils,                           —      1.000 fr.
Rondeau,                               —      2.000 fr.
Ronné, père,                           —      1.000 fr.
Rouligny,                              —      7.000 fr.
Roulois, libraire,                     —      1.000 fr.
Saint-Martin, médecin,                 —      1.000 fr.
Salin, fabricant,                      —      2.000 fr.
Sauvage, négociant,                    —      4.000 fr.

Sorieul (Pierre), dont le revenu était de.....  3.000 fr.
Sorieul (François),                          —       3.000 fr.
Sougé,                                        —       3.000 fr.
Sougé, curé,                                  —       2 000 fr.
Tanquerel,                                    —      18.000 fr.
Testard, juge de Paix,                        —       1.500 fr.
Trippier (Robert),                            —       3.000 fr.
Trippier (Jean)                               —       2.000 fr.
Trippier (enfants),                           —       4.000 fr.
Trippier (veuve Armand),                      —       1.500 fr.
Turbet (Vincent),                             —       2.000 fr.
Valpinçon,                                    —       5.000 fr.
Vidis (veuve),                                —       2.000 fr.
Villeron (de), sous-préfet,                   —       6.000 fr.
Villette, cordonnier,                         —       1.000 fr.

2º Personnes qui ont donné et dont le revenu n'a pas été évalué :

Barbeu (demoiselle).
Bignon.
Blottière, maréchal.
Bourdon, fils.
Broise (veuve de la).
Brossard (veuve de).
Brunet, sellier.
Coureuil.
Deschamps-Dumery.
Dubois (Bernard).
Durand-Brager.
Gaudinière (Martial).
Benoiste-Maupetit.
Georget, chapelier.
Goyet (Zurich).
Guimond, directeur.

Lecuyer, chapelier.
Lottin, négociant.
Mesnage, hôte.


3° Personnes dont le revenu a été évalué et qui n'ont rien versé :

| | | |
|---|---|---|
| Avenant-Larue, dont le revenu était de.. | | 1.500 fr. |
| Benoiste (Joseph), | — | 1.000 fr. |
| Benoiste-Voile (veuve), | — | 2.000 fr. |
| Brou (Victor), | — | 2.000 fr. |
| Bry (veuve), | — | 1.000 fr. |
| Chabrun (Joseph), | — | 1.000 fr. |
| Chanteau frères, | — | 1.000 fr. |
| Chassebœuf, tanneur, | — | 1.000 fr. |
| Chauveau, | — | 3.000 fr. |
| Chevalier-Malibert, | — | 5.000 fr. |
| Chevrinais, hôte, | — | 1.000 fr. |
| Chevrinais, officier municipal, | — | 1.500 fr. |
| Courteille (veuve), | — | 1.500 fr. |
| Desclos, | — | 2.000 fr. |
| Desrochers (veuve et enfants), | — | 3.000 fr. |
| Devanlay (Pierre), | — | 1.000 fr. |
| Duffrie (La), | — | 7.000 fr. |
| Duroy, cabaretier, | — | 1.000 fr. |
| Esnault, notaire, | — | 1.500 fr. |
| Garnier (Jean-Baptiste), | — | 1.000 fr. |
| Giraut, fils, | — | 1.000 fr. |
| Granger, fabricant, | — | 1.000 fr. |
| Grudé, fabricant, | — | 1.000 fr. |
| Goyet-Dubignon, | — | 4.000 fr. |
| Guillouard, marchand. | — | 1.500 fr. |
| Hédou-Lalande, | — | 2.000 fr. |
| Jouanno, | — | 1.000 fr. |
| Le Camus, marchand, | — | 1.000 fr. |

Le Hérisset (demoiselle), dont le revenu était de 1.000 fr.
Lhomer, mégissier,             —      1.000 fr.
Le Marchand (Urbain),       —      1.500 fr.
Le Moy (demoiselle),        —      1.000 fr.
Leveillé, fils, négociant,      —      1.500 fr.
Mallet,                  —      1.000 fr.
Massé,                  —      1.000 fr.
Mézières (demoiselle),       —      2.000 fr.
Moussay, aubergiste,        —      1.000 fr.
Moussay-Boigaudin,         —      1.500 fr.
Naturel,                —      1.000 fr.
Paillard,              —      2.000 fr.
Panard, maréchal,          —      1.000 fr.
Pottier (Dominique),        —      1.000 fr.
Pottier (veuve Dominique),    —      1.000 fr.
Pottier (Pascal),           —      1.000 fr.
Richard-Martinais,          —      2.000 fr.
Richer (Désiré),           —,      1.500 fr.
Sorieul, fils,             —      1.000 fr.
Souvigné (Charles),         —      2.000 fr.
Taupin,                 —      1.000 fr.
Turpin (veuve et enfants),     —      1.000 fr.
Vidis (demoiselle Claire),      —      1.000 fr.
Vieilpeau,             —      2.000 fr.
Voile, médecin,           —      1.000 fr.
Voile (demoiselle),          —      1.000 fr.

### III

*Secours accordés pendant la Restauration « aux anciens militaires de l'armée royale de l'Ouest, résidant dans l'arrondissement de Mayenne ».*

| Noms et Prénoms | Résidence | Montant des secours |
|---|---|---|
| | | Fr. |
| Barbé (Julien-René) | Courcité | 75 |
| Barreau (Julien) | St-Loup-du-Gast | 75 |
| Beudin (Louis) | Melleray | 75 |
| Bourillon (Pierre) | St-Thomas | 75 |
| Chabrun (Etienne-Michel) | Jublains | 50 |
| Cibois (Jean), dit Deslau-riers | Montreuil | 200 |
| Cosseron (Thomas), dit La-vendal | Charchigné | 300 |
| Garnier (Louis), dit Prin-temps | Montreuil | 50 |
| Guesdon (Pierre) | Martigné | 100 |
| Guichard (Michel-Jean) | Martigné | 75 |
| Jarry (Jacques) | Le Horps | 75 |
| Landais (Jean) | Montreuil | 100 |
| Landemaine (Guillaume) | Niort | 50 |
| Landemaine (Louis) | Niort | 50 |
| Lefoulon (Louis) | Chantrigné | 50 |
| Le Marchand (Nicolas) | Niort | 100 |
| Lenfant (Mathurin-Michel) | Marcillé | 75 |
| Le Roy (Michel) | St-Loup-du-Gast | 100 |
| Mézières (Jean) | Jublains | 75 |
| Monsalier (Michel) | Geneslay | 50 |
| Moriceau dit Dubourg (Louis) | Marcillé | 100 |
| Papouin (Thomas-Jean-Gabriel) | Ceaucé | 100 |

| Noms et Prénoms | Résidence | Montant des secours |
|---|---|---|
| | | Fr. |
| Plumail (Michel) | La Chapelle-au-Riboul | 75 |
| Rabarot (François-Michel) | Melleray | 75 |
| Raimbault (René) | Chantrigné | 100 |
| Retours (Jean-François) | Cigné | 50 |
| Riou (Jean) | St-Loup-du-Gast | 50 |
| Salard (Jacques) | Chantrigné | 50 |
| Turcan (François) | Niort | 200 |
| Turcan (André) | Marcillé | 50 |
| Villette (Pierre), dit Capucin | Ceaucé | 50 |
| La Noë (François) | La Chapelle-Moche | 50 |
| Chesnel (Jean) | Couesmes | 50 |
| Maingard (Marin) | Ambrières | 50 |
| Coulon (Marin) | St-Martin-de-Connée | 100 |
| Fourneau (Jean-Baptiste) | St-Loup-du-Gast | 100 |
| Guilmeau (Jean) | Hambers | 100 |
| Moussay (Jean) | Le Horps | 100 |
| Caillère (Emmanuel-André) | Montaudin | 100 |
| Davoust (Pierre) | La Chapelle-au-Riboul | 100 |
| Melin (François) | Couesmes | 100 |
| Barré (Pierre) | Izé | 100 |
| Lambert (Jean) | Niort | 100 |
| Girault (Louis) | Mayenne | 100 |
| Bahier (Michel) | Chantrigné | 100 |
| Thuault (Gabriel) | Niort | 100 |
| Belliard (François) | St-Loup-du-Gast | 100 |
| Boutruche (Jean-Pierre) | Gorron | 100 |
| Millet (François) | Le Horps | 100 |
| Gontier (François) | St-Loup-du-Gast | 100 |
| Bouhours (Louis) | Belgeard | 100 |
| Lepinay (René) | Mayenne | 150 |
| Laillé (Siméon) | St-Fraimbault-s-Pisse | 100 |
| Chrétien (Michel-René) | Levaré | 100 |

| Noms et Prénoms | Résidence | Montant des secours |
|---|---|---|
| | | Fr. |
| Génin (François) | St-Mars-sur-la-Futaie | 100 |
| Sabran (Mathurin) | Champéon | 100 |
| Baglin (René), dit Saint-Martin | Charchigné | 100 |
| Savigné (Marin) | Villaines | 100 |
| Martin (Joseph) | Javron | 100 |
| Saoul (Pierre-Hilarion) | Montaudin | 100 |
| Debon (Guillaume) | Vaucé | 100 |
| Coupeau (François-Jean) | La Pellerine | 100 |
| Turbel (François) | St-Mars-s$^r$-Colmont | 100 |
| Jouvin (Jean-Baptiste) | La Dorée | 100 |
| Besnard (Julien-François) | Brecé | 70 |
| Le Blanc (Charles) | Larchamps | 50 |
| Mothas (Etienne) | La Pellerine | 50 |
| Guerrier (Jean) | St-Denis-de-Gastines | 75 |
| Le Villain (René) | St-Cyr-en-Pail | 75 |
| Derouet (François) | Champéon | 50 |
| Gallienne (Julien) | Niort | 50 |
| Gobard (Michel-François) | St-Mars-sur-la-Futaie | 50 |
| Deneau (Mathurin) | St-Denis-de-Gastines | 50 |
| Martel (Pierre) | Ceaucé | 50 |
| Pottier (Jean) | Ambrières | 60 |
| Fouquet (Jean-Pierre) | Charchigné | 50 |
| Troussier (René) | Couesmes | 50 |
| Domagé (Michel) | Poulay | 50 |
| Roger (Michel) | Ambrières | 50 |
| Delaunay (Louis) | Chantrigné | 50 |
| Longuève (Jean-Guillaume) | Larchamp | 50 |
| Gille (Louis) | St-Fraimbault-de-P. | 50 |
| Lefebvre (Pierre-Jean) | Ernée | 50 |
| Raimbault (Henry-Louis) | Chantrigné | 50 |
| Badier (François) | Carelles | 50 |

| Noms et Prénoms | Résidence | Montant des secours |
|---|---|---|
| | | Fr. |
| Remende (Michel) | Ambrières | 50 |
| Launay (François) | St-Cyr-en-Pail | 50 |
| Branchereau (Prosper) | Couesmes | 50 |
| | | 50 |
| Pommier (Jean) | Brecé | 70 |
| Lefebvre (Jacques-Joseph) | La Pellerine | 50 |
| Canioux (Michel-Jean) | Carelles | 50 |
| Lalaire (Julien-François) | La Pellerine | 50 |
| Le Geleux (Pierre) | Le Pas | 50 |
| Cosme (Jean) | Courberie | 50 |
| Le Mort (Pierre-René) | Aron | 50 |
| Cordier (Pierre-Antoine) | Ernée | 50 |
| Derenne (Michel-Etienne) | Couesmes | 50 |
| Barabé (Jean) | St-Loup-du-Gast | 50 |
| Richard (Pierre-François) | Chantrigné | 50 |
| Troussier (Louis) | Le Pas | 50 |
| Deniau (Philippe - André - Michel) | St-Denis-de-Gastines | 50 |
| Levannier (René-Marin) | La Pellerine | 50 |
| Cornu (Jean) | Belgeard | 50 |
| Derouet (François) | Champéon | 50 |
| Nicole (Jean-Mathurin) | St-Denis-de-Gastines | 50 |
| Le Maignan (Michel-François) | La Dorée | 100 |
| Poirrier (Joseph) | La Dorée | 75 |
| Renaud (Joseph-Médard) | St-Mars-sur-la-Futaie | 50 |
| Joan (Baptiste-René-Jean) | St-Mars-sur-la-Futaie | 50 |
| Le Conte (Jean) | Châtillon | 50 |
| Foucoin (René) | Châtillon | 50 |
| Martin (Jacques) | Carelles | 50 |
| Le Ray (Michel) | Larchamp | 50 |
| Beucher (Julien) | Le Horps | 50 |

| Noms et Prénoms | Résidence | Montant des secours |
|---|---|---|
| | | Fr. |
| Madelain (Pierre-François) | St-Mars-sur-la-Futaie | 75 |
| Vayer (Marie), V<sup>ve</sup> Moussay (Jean) | St-Mars-sur-Colmont | 50 |
| Chauveau (Françoise), fille, | Champgenéteux | 100 |
| Monoir (Victoire-Michelle), V<sup>ve</sup> Jouvin (Pierre) | Landivy | 50 |
| Maillard (Marguerite), V<sup>ve</sup> Turpin (Louis) | Charchigné | 50 |
| Chauchis (Marie), V<sup>ve</sup> Leroux (Michel) | Le Horps | 75 |
| Babin (Jeanne), V<sup>ve</sup> Derenne (François) | Montaudin | 75 |
| Huchet (Jeanne), V<sup>ve</sup> Lambert (Nicolas) | Hercé | 50 |
| Asse (Jeanne), V<sup>ve</sup> Bouvier (François) | Champgenéteux | 50 |
| Motlin (Françoise), V<sup>ve</sup> Oger (François) | Châtillon | 50 |
| Leloup (Marie), V<sup>ve</sup> Tissier (Joseph) | Villaines | 50 |
| Bouteloup (Jeanne), V<sup>ve</sup> Gahéry (Mathieu) | Chantrigné | 50 |
| Ory (Perrine-Louise), V<sup>ve</sup> Fourreau (Mathieu-Joseph) | Montaudin | 50 |
| Vidis (Jeanne), V<sup>ve</sup> Le Tonnelier (René) | St-Loup-du-Gast | 50 |
| Le Planquais (Roger-Cir) | Mayenne | 50 |
| Desdouet (François-Pierre-Marin) | Landivy | 50 |
| Leloup (François) | Mayenne | 50 |
| Huvé (Augustin) | Marcillé | 50 |
| Aubry (François-René) | Izé | 50 |

| Noms et Prénoms | Résidence | Montant des secours |
|---|---|---|
| | | Fr. |
| Bansard (François) | Chantrigné | 75 |
| Chantepie (Mathurin) | Le Horps | 50 |
| Le Gentil (Julién) | Montreuil | 50 |
| Gallienne (Pierre) | Le Horps | 50 |
| Pingault (Etienne) | La Chapelle-au-Riboul | 50 |
| Lenfant (Michel) | Montreuil | 50 |
| Fléchard (Mathurin) | Le Horps | 50 |
| Brodier (René) | Montreuil | 50 |
| Chantepie (Mathurin) | Montreuil | 50 |
| Gillot (Jean) | Champéon | 50 |
| Oger (Etienne) | Le Horps | 50 |
| Aucherie (Mathurin) | Montreuil | 50 |
| Richard (Mathurin) | Montreuil | 50 |
| Beucher (Jean-Baptiste) | Le Horps | 50 |
| Barbot (François-Pierre) | Hambers | 50 |
| Rivière (Joseph) | Trans | 50 |
| Bouvier (Jean) | Champgenéteux | 50 |
| Lambert (Jean) | Izé | 50 |
| Bullanger (François) | Hambers | 50 |
| Rousseau (Louis) | Champgenéteux | 50 |
| Lefebvre (Louis) | Jublains | 50 |
| Le Moine (François) | Jublains | 50 |
| Martin (François) | St-Loup-du Gast | 50 |
| Royer (Jacques) | Cigné | 50 |
| Le Mercier (Louis-François) | Ambrières | 50 |
| Terrier (Pierre) | Le Pas | 60 |
| Lefoulon (Jean-Baptiste) | Chantrigné | 50 |
| Remande (Jean) | Ambrières | 50 |
| Hamon (Jean) | Le Pas | 50 |
| Renouard (Julien) | St-Loup-du-Gast | 50 |
| Derouet (Mathieu) | Couesmes | 50 |

| Noms et Prénoms | Résidence | Montant des secours |
|---|---|---|
| | | Fr. |
| Bellaunay (Pierre) dit La Rivière | Soucé | 50 |
| Lefoulon (François) | Marcillé | 50 |
| Fleury (Jean) | Mayenne | 50 |
| Lefebvre (Julien) | Mayenne | 50 |
| Bourcier (Jean-Baptiste) | St-Fraimbault-de-Pr. | 50 |
| Le Marchand (Pierre) | Grazay | 50 |
| Renard (Jean-René-Joseph) | Grazay | 50 |
| Bouglé (Pierre-Louis) | La Bazouge-des-Alleux | 75 |
| Dubois (Julien-Michel) | La Bazouge-des-Alleux | 50 |
| Brunet (Jean) | Marcillé | 50 |
| Chereau (Michel) | Belgeard | 50 |
| | | 50 |
| Martin(François-Toussaint) | Mayenne | 50 |
| Hubert (René) | Marcillé | 50 |
| Clayer (Jean-René) | Oisseau | 50 |
| Fourré (Ambroise) | St-Mars-sur-Colmont | 50 |
| Heuveline (François-Pierre) | Désertines | 50 |
| Lair (René) | St-Mars-sur-Colmont | 55 |
| Bignon (Geoffroy) | Châtillon | 50 |
| Lhuissier (Julien) | Châtillon | 50 |
| Cerisier (Pierre-Roch) | Carelles | 50 |
| Fauveau (Julien-Guillaume) | Carelles | 50 |
| Guilleu (Etienne) | Carelles | 50 |
| Bellier (Jean) | Châtillon | 50 |
| Lochu (Michel-François) | Châtillon | 50 |
| Pottier (Jean) | Chevaigné | 50 |
| Quentin (Jean-Baptiste) | Neuilly-le-Vendin | 50 |
| Sallard (René | Les Chapelles | 50 |
| Cougé (Etienne) | St-Denis-de-Gastines | 50 |
| Le Ray (François) | St-Denis-de-Gastines | 50 |
| Boursier (Jean) | St-Denis-de-Gastines | 50 |

| Noms et Prénoms | Résidence | Montant des secours |
|---|---|---|
| | | Fr. |
| Garnier (Pierre) | Niort | 50 |
| Margerie (Mathurin-Julien) | Niort | 50 |
| Prunier (Julien) | Fougerolles | 75 |
| Le Monnier (Pierre) | La Dorée | 50 |
| Rouzeau (Gilles-Julien) | St-Ellier | 50 |
| Genin (Jean-Ambroise) | St-Mars-sur-la-Futaie | 50 |
| Devaux (Raphaël-Gabriel) | Fougerolles | 50 |
| Coutard (François - Guil-laume) | St-Mars-sur-la-Futaie | 50 |
| Veau (Michel-François) | Fougerolles | 50 |
| Boittin (Michel - François-Jean) | St-Berthevin-la-Tann. | 50 |
| Roussel (Jean-Baptiste-Ga-briel) | La Dorée | 50 |
| Martin (Baptiste-Michel) | St-Berthevin-la-Tann. | 50 |
| Le Maignan (Jean) | La Dorée | 50 |
| Benoît (Michel-Julien) | Levaré | 50 |
| Chemin (Marguerite-Fran-çois) | Mayenne | 50 |
| Beaudoin (Michel) | La Dorée | 50 |
| Métairie (Françoise), V<sup>ve</sup> Levrot (Louis-Marin) | Le Horps | 50 |
| Barreau (Françoise), V<sup>ve</sup> Le Joly (René) | St-Loup-du-Gast | 50 |
| Levallet (Renée), V<sup>ve</sup> Coutard (Pierre) | Fougerolles | 50 |
| Sabran (Jean) | Le Horps | 100 |
| Guesnerie (Julien) | Hambers | 50 |
| Boussier (Michel) | Levaré | 50 |
| Drouet (Louis - François - René) | Grazay | 50 |
| Fouillet (Jean) | Mayenne | 50 |

| Noms et Prénoms | Résidence | Montant des secours |
|---|---|---|
| | | Fr. |
| Delelée (Henry) | St-Martin-de-Connée | 50 |
| Garnier (Jean-Julien) | Niort | 50 |
| Gaudmer (Prosper) | Hardanges | 50 |
| Grasset (François) | Fougerolles | 45 |
| Mesnager (Mathieu) | Cigné | 50 |
| Le Péculier (Rose-Renée), Vve Le Cendrier | Châtillon | 50 |
| Lainé (Marie - Madeleine - Françoise), Vve Bruneau | Jublains | 50 |

# TABLE ANALYTIQUE


## A

Donation de l'église de Sainte-Marie de Mayenne par Robert Le Paon à l'abbaye de Marmoutier (1220)................................ .................. 2

## B

Vente par Juhel de Logé à l'abbaye de Savigny de la métairie du Bas-Montaigu, paroisse de Sainte-Marie de Mayenne (1252)..,................ 3

## C

Conventions intervenues entre Jean, curé de Sainte-Marie de Mayenne, et les moines de Marmoutier (1124)... ............................ 4

## D

Redevance due par le curé de Sainte-Marie de Mayenne au Chapitre de l'église du Mans (v. 1160). 6

## E

Bulle du pape Alexandre III confirmant à l'abbaye de Marmoutier la possession de l'église de Sainte-Marie de Mayenne (1173)................ 7

## F

Confirmation de la possession de l'église de Sainte-Marie de Mayenne, accordée par Hildebert, évêque du Mans, à l'abbaye de Marmoutier (v. 1221)............................ ...................... 10

## G


Transaction concernant certaines dîmes de la paroisse de Sainte-Marie de Mayenne........... 11


## H


Droit de vinage du clergé de Sainte-Marie de Mayenne (1222)........................... 12


## I


Extrait du cahier des charges du bail à ferme de la sonnerie des cloches de Notre-Dame de Mayenne, en 1737........................... 14


## J


Testament de Jean Legras.................... 24


## K


Liste des personnes occupant des places dans l'église de Notre-Dame, en 1787................ 32


## L


Mémoire adressé par une partie du clergé de la paroisse de Notre-Dame à Armand-Charles de la Porte, duc de Mazarin et de Mayenne, dans le but d'obtenir un règlement pour l'église de Notre-Dame de Mayenne (1706)....................... 45


## M


Fragment de généalogie de la famille de la Broise.......................................... 54


## N


Confirmation à Notre-Dame de Mayenne, du 14 juin 1711................................... 64

## O

### *Dissensions dans le clergé*


I. — Règlement de l'Evêque du Mans, du 20 octobre 1686 . . . . . . . . . . . . . . . . . . . . . . . . . . . . . . . . .  65

II. — Ordonnance de l'Evêque du Mans, du 6 septembre 1672 . . . . . . . . . . . . . . . . . . . . . . . . . . .  68

III. — Supplique adressée, en 1690, à l'Evêque du Mans par les prêtres habitués de Notre-Dame de Mayenne . . . . . . . . . . . . . . . . . . . . . . . . . . . .  70

IV. — Ordonnance de l'Evêque du Mans, du 10 mai 1707 . . . . . . . . . . . . . . . . . . . . . . . . . . . . . .  73


## P

### *Les Chapellenies de Mayenne*


I. — La Chevardière . . . . . . . . . . . . . . . . . . . . . . . .  78

II. — La Goupillère . . . . . . . . . . . . . . . . . . . . . . .  79

III. — La Mesnardière . . . . . . . . . . . . . . . . . . . . . .  80

IV. — Les Madrés . . . . . . . . . . . . . . . . . . .  80

V. — La Masure . . . . . . . . . . . . . . . . . . . . . . .  81

VI. — Les Nezan . . . . . . . . . . . . . . . . . . . . . . . . . .  81

VII. — Les Faucheux . . . . . . . . . . . . . . . . . . . . .  82

VIII. — La Mouette . . . . . . . . . . . . . . . . . . . . . .  82

IX. — Les Contens . . . . . . . . . . . . . . . . . . . . . . .  83


## Q


Fondation du service des serruriers . . . . . . . . . .  83


## R

### *Confrérie du Saint-Sacrement*


I. — Bulle du pape Paul III, instituant la confrérie du Saint-Sacrement (30 novembre 1530).  85

II. — Pardons et indulgences accordés par le pape Paul V aux membres de la confrérie du Saint-Sacrement, de Notre-Dame de Mayenne . . . .  95

**S**

Bref du pape Clément XI....................... 98

**T**

Mandat donné au père Letessier.............. 100

**U**

Les Chouans............................ 101

**V**

Procès-verbal du Comité révolutionnaire de Mayenne, concernant les suspects, du 2 mars 1794. 114

**W**

Renouvellement des fonctionnaires........... 132

**X**

I. — Portrait de Volclair par Brillault-Beauchamps........................................ 135
II. — Refus de certificat de civisme à Clément, ancien président de la Commission révolutionnaire.................................... 137

**Y**

Fête de la mort de Louis XVI.............. 139

**Z**

Discours prononcé par Pottier à la fête des époux du 10 floréal, an VI.................. 145

**A'**

Arrêté concernant la fête de la prise de la Bastille.................................... 149

**B'**

Satire répandue à Mayenne lors de la mission de 1816.................................. 152

— 217 —

C'

Le couronnement d'une rosière...............  156

D'

Lettre de George-Massonnais.................  159

E'

Délibérations concernant les inhumations.....  161

F'

Noël Mayennais............................  165

G'

Lettre de David d'Angers au maire de Mayenne,
concernant la statue du cardinal de Cheverus....  168

H'

Vœu solennel relatif à l'érection d'une chapelle
en l'honneur de saint Joseph..................  169

I'

Bénédiction des cloches de Notre-Dame.........  171

J'

Consécration de l'église de Notre-Dame de
Mayenne en 1890...........................  172

K'

Légende de Notre-Dame des Miracles.........  174

L'

*Erection de Notre-Dame de Mayenne*
*en basilique mineure*

I. — Supplique des marguilliers et conseillers de
la fabrique de Notre-Dame de Mayenne à Sa Sainteté Léon XIII...............................  178

II. — Bref du pape Léon XIII érigeant en basilique mineure l'église de Notre-Dame de Mayenne, du 15 mai 1900 .................................... 180

III. — Affiliation à la basilique patriarcale libérienne ........................................ 182

M'

Bref du pape Pie X nommant Mgr Patry, protonotaire apostolique............................ 184

N'

Profession de foi de Mgr Patry................. 187

O'

Fabriciens et marguilliers..................... 189

*Notes complémentaires*

I. — Esprit public à Mayenne à la fin du règne de Charles X................................... 192

II. — Revenu de quelques habitants de Mayenne, en 1818......................................... 194

III. — Secours accordés pendant la Restauration « aux anciens militaires de l'armée royale de l'Ouest, résidant dans l'arrondissement de Mayenne » ..................................... 204

# CORRECTIONS & ADDITIONS


PAGES    LIGNES

35    16    Dupont demeurait Grande-Rue, près de la rue d'Oisseau.

36    23    Lefebvre des Provostières habitait la Bourgeoisie, au haut de la ville, propriété appartenant à la famille Lefebvre d'Argencé [1].

56    32    Lisez : « de nos » au lieu « des ».

109    11    Le 12 messidor an VII, l'arbre de la Liberté de Grazay est coupé par les Chouans.


En thermidor an VII, ils abattent l'arbre de la Liberté de la Bazouge-des-Alleux.

Le 26 thermidor an VII l'arbre de la Liberté d'Aron est coupé à une hauteur de 2 mètres du sol ; c'était un peuplier planté au milieu du bourg. La tige fut replantée le lendemain par le lieutenant de gendarmerie Humbert, qui la coiffa du bonnet de la Liberté et y attacha cet écriteau : « Pâlissez tyrans et brigands, votre dernière heure est sonnée ; vive la République ou la mort ».

Au commencement du mois de vendémiaire an VIII, les Chouans attaquèrent le poste de Martigné. La colonne mobile et vingt-cinq hommes d'infanterie vinrent à son secours. Assaillie de toutes parts, cette

---

(1) V. *Documents sur la Ville de Mayenne*, pages 246 et 247.

PAGES    LIGNES

troupe prit la fuite en abandonnant ses munitions. Les Chouans étaient, au dire du Commissaire du Directoire de Martigné, au nombre de 4 à 500 ; ils firent deux prisonniers ; un soldat d'infanterie fut tué. De leur côté, ils eurent trois blessés.

Le 9 vendémiaire, les Chouans enlevèrent un homme à Châtillon.

Le 10, on les signale à Jublains.

Le 13, ils incendient le poste de Maison-Neuve, route de Paris.

Le 14, cinq Chouans vont à Saint-Georges-Buttavent et font subir de mauvais traitements à quelques républicains.

Le 16 brumaire an VIII, les Chouans, au nombre d'une douzaine, dont huit à cheval, viennent aux Ormeaux commune de Moulay, et abattent l'arbre de la Liberté, un peuplier qu'ils coupent en deux morceaux.

Quelques jours après, l'arbre de la Liberté de la Bazoche-Montpinçon est aussi abattu.

145    10    Lisez « pénétré » au lieu de « pénétrés ».